Second Edition

青少年橄榄球训练101例

第二版

[英] 克里斯·谢伦（Chris Sheryn）
[英] 安娜·谢伦（Anna Sheryn） 著 刘志云 刘成龙 陶 岩 吴 鹏 译

中国宇航出版社
·北京·

著作权合同登记号：图字：01－2017－7072 号

图书在版编目（CIP）数据

青少年橄榄球训练 101 例 ：第二版 /（英）克里斯·谢伦（Chris Sheryn），（英）安娜·谢伦（Anna Sheryn）著 ；刘志云等译. --北京 ：中国宇航出版社，2017. 12

书名原文：101 Youth Rugby Drills（Second Edition）

ISBN 978 - 7 - 5159 - 1442 - 8

Ⅰ. ①青… Ⅱ. ①克… ②安… ③刘… Ⅲ. ①青少年－橄榄球运动－运动训练 Ⅳ. ①G849. 2

中国版本图书馆 CIP 数据核字（2017）第 316399 号

责任编辑 赵宏颖　　**封面设计** 宇星文化

出版发行 中国宇航出版社

社址 北京市阜成路 8 号　　**邮编** 100830

(010) 60286808　　(010) 68768548

网址 www. caphbook. com

经销 新华书店

发行部 (010) 60286888　　(010) 68371900

(010) 60286887　　(010) 60286804（传真）

零售店 读者服务部

(010) 68371105

承印 河北画中画印刷科技有限公司

版次 2017 年 12 月第 1 版　　2017 年 12 月第 1 次印刷

规格 880 × 1230　　**开本** 1/32

印张 5. 25　　**字数** 168 千字

书号 ISBN 978 - 7 - 5159 - 1442 - 8

定价 30. 00 元

译者序

橄榄球运动起源于 19 世纪 20 年代的英国拉格比镇，是一项极具特色的同场对抗性运动。传说它是从足球中衍生出来的一项运动，因此橄榄球也被称之为“拉格比足球”。经过近 200 年的发展，橄榄球已经发展成为一项家喻户晓的体育运动。橄榄球运动的分类繁多，大体可以分为英式橄榄球、美式橄榄球和澳式橄榄球，其中英式橄榄球又分为 7 人制、10 人制和 15 人制三种。英式 15 人制橄榄球流行于世界各国，但是英式 7 人制橄榄球因其比赛相对空间大、时间短、对抗性强等优势迅速发展。2009 年，英式 7 人制橄榄球被正式确立为 2016 年里约奥运会和 2020 年东京奥运会比赛项目，目前也被国际奥委会确定为 2024 年巴黎奥运会正式比赛项目，在全球范围内引起越来越多的关注。

19 世纪末橄榄球运动进入中国，因其球形似橄榄，所以华人称之为“橄榄球”。橄榄球运动在我国经历了启蒙、动荡、停滞和发展 4 个阶段。1990 年橄榄球运动在我国再次兴起，此后迎来了橄榄球运动发展的黄金时期。目前，我国橄榄球运动正蓬勃发展，它的发展不仅能够促进我国竞技体育的发展，为我国培养优秀的体育人才，使其在奥运赛场上取得成绩，也能够促进大众体育、学校体育的发展，增强国人的体质，更能够作为一种新兴的体育产业，促进经济发展。所以说，橄榄球运动对我国体育事业的发展具有重要的现实意义。

本书由天津体育学院橄榄球教研室组织翻译，教研室的教师、教练员以及学校相关研究方向的科研人员承担了具体的翻译工作，他们是：陶岩、吴鹏、刘冠军、杜雅楠、刘成龙（博士在读）、赵群（硕士在读）、贺忠亮（硕士在读），这些译者长期从事橄榄球项目相关工作，确保了翻译的权威性和准确性。刘志云、刘成龙、陶岩担任主审，刘成龙、吴鹏在译校和定稿中做了大量工作，刘冠军、杜雅楠、赵群、贺忠亮承担了译校和协调工作，为本书的顺利出版做出了贡献。

感谢天津市科技成果转化奖励资金项目对本译著的全额资助。

由于任务繁重、时间仓促，并限于译者水平，本书在译校、统稿过程中，难免有疏漏之处，敬请专家学者和广大读者指正。

刘志云

天津体育学院副院长

2017 年 12 月

致 谢

这本书综合了众多不同英式联盟式橄榄球和联合式橄榄球（以下简称橄榄球）教练的想法和经验。本书的完成离不开他们的帮助，我要感谢以下诸位：戴维·杰克逊，在扑搂和防守方面给我很多灵感；西蒙·斯卡尔，给我全方面的帮助，特别是在射门方面；特别感谢温·谢伦夜以继日的工作，他在过去 40 年教授不同年龄的运动员和不同的运动——从学校的孩子到奥林匹克选手。虽已临退休，温目前仍在普雷斯顿的赫顿文法学校工作，教授 11 岁大的孩子们，这些训练方法和技巧都是从他和阿尔夫·奥迪的工作总结出来的。

简 介

本书为青少年运动员（16 岁以下）掌握橄榄球所需的技巧提供了能够建造有效框架的资源。本书的内容主要强调移动的宗旨和主要的传接球技巧，因为一名好运动员应该在比赛中把这些基本技巧和概念熟记于心。书中并没有涉及复杂的先进战术技巧，因为这对这个年龄段的孩子并不合适。

早期的体验是重要的，因为日常的训练会丰富他们对运动的总体看法并影响他们是否能继续打球到成年阶段的决定。因此孩子们的训练课重点是创造一个使得每位运动员愿意多次参与的环境。我希望这本书里面介绍的方法和技巧能够帮助各位教练设计出刺激的、丰富的、但首先是有趣的训练课。

在 2010 年女子橄榄球世界杯对澳大利亚的半决赛中，英格兰队的菲奥娜·波科特躲避扑搂，持球跑动进攻。

目录

第一章

课程指导

第一章　课程指导

了解年轻运动员

现在人们已经普遍认识到，对少年儿童运动员也需要特别的关注，不应简单地将他们视为“小大人”。无论从生理上还是从心理上，训练课必须考虑到少年儿童的不同需求。

重要的是要记住，少年儿童将在不同年龄到达青春期，一个青少年的“实际年龄”与另一个同龄人相比，其差距可能长达五年。因此，我们必须意识到，在组织集体训练课时，不应该假定所有的运动员都具有同样的体力或能力。

青春期前

一般来说，青春期前的孩子们柔韧性好，但力量相对较弱，因此没有必要让他们做任何正规的柔韧性练习。同样，从本质上说，他们还是有氧“动物”，不适宜做无氧运动，所以也不适合做任何正规的力量性练习。

然而，应该在他们的橄榄球技巧练习中强调适当的动作模式，这些动作模式本身也有增强力量的作用，例如用于增强力量和练习适当动作模式的投掷活动。因为这是一个形成习惯的年龄，所以鼓励少年儿童参与各种将来生活中用得着的运动，也是很好的做法。

青少年

一般情况下，青少年正好与比他们小一个年龄段的儿童在整个身体特征上相反，力量较强，但柔韧性较差。青春期是骨骼发育的敏感期，这些特征将更加明显。柔韧性练习很有益处，应特别注意腘绳肌与小腿肌肉伸展性练习（尤其是在青春期骨骼突增期及之后，肌肉的发育可能滞后于长骨的发育）。人们已经发现，这些肌群的僵硬与早期膝关节疼痛有直接关系——在青少年女孩中特别常见。

> 举例
>
> 当你面对你的球队演示一个技巧动作时，你背后会有其他球员正在另一片场地进行跑步练习，这就意味着球队对你的关注程度是会随时发生变化的。一定要意识到你的背后发生了什么。如果你在为孩子们介绍接球技巧，最好能确保目标球的背景不是杂乱无章的，或者至少尽可能地保持安静。

吸引人的感觉

儿童可以同时从多种感觉中接收和处理信息，其中很多感觉都可以用来提高学习效果。在指导某一个技巧练习时，你需要意识到不同的孩子对各种感觉会有不同的侧重点。例如，当你指导一个运动员踢球时，需要考虑：

- 视觉——身体形态；
- 触觉——球在脚上有何种感受；
- 听觉——顺利完成技巧动作时会发出何种声音。

要求孩子们描述在练习过程中自己对技巧动作的感知，教练员就可以建立起运动员该使用的学习策略，更好地进行沟通，使运动员学习这种知识。

举例

为了确保在本书接下来的各种案例教学中运用正确的要素，高效的教练员会强调一个知识点，重复它，证明它，然后强化它，即使当训练团组解散以后，练习的要素无疑还会得以保留。

如何最好地学习

传统意义上的技能学习就是简单的重复，如俗话所说的“熟能生巧”。然而，研究已经表明，一些简单的重复对完全的初学者是有益的，但多样化的练习可以获得更快、甚至更持久的学习效果。

例如，当教授掷界外球时，要求投手经常变换位置和落点投球——投出长的、短的、高缓的、平直的球等——比简单地站在同一个地点和瞄准同一个点重复投球进步更快。

额外的回报是由于要求不断地重新审视，最重要的是适应，驱使人们对技巧的理解更深一层。要求运动员去解决不同的问题，就意味着适应所学技巧的能力也得到了提高。

学习曲线

在练习中某一个技能的发展不会沿着一条直线上升。无论是意识还是注意力，在练习初期都会较高，这是正常的情况。但是，随着练习的推进，完成动作的准确性和注意力集中的程度都会下降。如果教练员不及时干预，其能力的发展水平将大受影响。

为了解决这个问题，教练员必须经常地关注这种情况，并且肯花时间让运动员的身心得到休息。停止练习，与运动员一起就练习目标与技能重新进行沟通，直到运动员身心都得到充分休息，并准备就绪再重新开始。运用这种方式，就可以有效地遏止竞技能力的下降趋势，发展曲线也可以再次上升。

孩子们被教授适应他们所学习的技能是很重要的，就像这些在波尔根杯决赛中比赛的年轻人一样。

执教风格

有多少教练员就会有多少执教风格。在这里，我们并不是武断地认为或做出任何判断，某一种执教风格会优于另一种执教风格。但是，在各种风格中思考或选择一种最适合你的执教风格，还是很有必要的。对于教练员来说，知晓各种各样的执教风格，会让执教过程变得更加有趣。

下面概括两种主要的执教风格，但在现实中最合适的将是你个人对这两种风格的综合。不管你是什么风格，要记住，青少年运动员有一个共同的特点，他们更喜欢游戏，而不是练习，所以要尽量使训练课充满乐趣。球场上的幽默感至关重要，因为它不仅能使教练保持理智，而且可以消除紧张情绪，使运动员更好地展示自己，且敢于犯错。

·**教练员主导型**——教练员在一种高度结构化的环境中组织教学活动。运动员只是被告知哪些是练习的重点和游戏的意义。

·**学生主导型**——这种模式是孩子们基于自己在课堂上看到的什么是最重要的内容来决定自己的学习活动。在一种有组织的游戏环境中，由教练员和学生来确定一种练习内容，是这种训练课的重点。

传统意义上说教练员总是在掌控练习，并没有要求孩子们太过参与。显然，二者之间必须有一个平衡点，高效的教练员会将两者巧妙融合，指导孩子们练习。这种风格的局限性就是整体的控制和可用的时间，但它确实会有以下优点：

·目标的设置与其自信心相一致；

·运动员会有更多的思考，因此学习变得更容易；

·可以鼓励孩子们发展自学的技巧，这些技巧对他们自己的学习策略会有巨大的价值。

可以通过给某一个或一组运动员一个明确的技能清单，然后让他们观察技能练习来介绍自学的原则。这个技能清单与教练员在讲解和示范技巧动作时强调的重点是相同的。这种技巧意味着即使不直接参与动作练习，对关键知识点的意识还可以存在，还可以训练能够迁移到自我观察和其他观察中去的观察技能。

沟通

在任何一项运动中，在大多数训练的日子里，你总会看到教练员在训练课前要对青少年运动员进行分组。诸如“站成一个圆圈”或“我需要一个两列队形”等指令，与其说是一节橄榄球训练课，还不如说是一场舞台闹剧。这样做的结果就是教练员恼羞成怒，孩子们不知所措，白白浪费了时间。千万不要造成这样的局面 ——以下是克服类似普遍问题的一些建议。

注意语言

我认识一个非常优秀的网球教练员，当他指导一群 6~8 岁的儿童进行训练时，要求他们“按电车轨道排队”。后来我告诉他，多数儿童没有反应的原因可能是他们根本不知道什么是电车，也不知道他所指定的排队区域在哪里。

无论何时，在你说话之前，你都必须考虑运动员的年龄和他们的经历，避免使用专业术语，像鼠疫等词汇，要明了地表述你的意思，并经常考问和评价自己使用的语言。如果你想对自己进行测试，你可以请一个非橄榄球运动员来观看一次训练课，并让他记录下一份他不熟悉的术语清单。检查一下这个清单，问问你自己是如何理解这些术语的。例如，斜跑、旋转（特指在冒尔中）、推进、小边、碰踢和地滚踢等你可能使用的一些术语，但是年轻运动员可能并不是很容易就能理解。

· **分成双人组 / 三人组**。这个指令很少会得到迅速响应，因为少年儿童的“政治”会起作用（“我最好的朋友在哪里？”），很少有人愿意主动四处走动去寻找合作伙伴。对少年儿童而言，最好的办法就是指定“1”和“2”两个点（或标志物），然后只需触摸每个小运动员的头，看着他们的眼睛（非常重要！），给每个小运动员一个号码。一旦小运动员有了号码，他们就可以走过去，站在标志物后。当孩子们长大后，你可以要求孩子们用把手举在空中的方式确定自己的伙伴。这是一种更简单的分组方式。

· **围成一个圈。**要求一组运动员（任何年龄段）围成一个圆圈，最有可能的结果就是他们像足球观众那样挤成一团。要围成一个均匀间隔的圆圈，有一个好办法就是让运动员相互手牵手慢慢向后退，最后不漏掉一个人，圆圈就围成了。如果手牵手会让男生们觉得不好意思，也可以用抓衣袖的方式代替手牵手。

· **排成两列队形。**在本书中，有很多练习需要运动员站成彼此有间隔的平行的两列队形——“之”字形队形。这也可能是一项棘手的工作。要完成这项任务，有一个简单的方法，分为以下四步：

1）请所有运动员排成一行，相互手牵手或相互抓住衣袖；

2）然后把他们散开至互相抓住的最大距离，这也是等距间隔；

3）要求运动员连续“1”、“2”报数；

4）报“1”的运动员原地不动，报“2”的运动员向前1~2步，排成二行。要求第一行向后转使两行面对面，这时就是一个完美的“之”字形队形。

分组规模

要考虑分组的规模以及每一个球员排队等候的时间。你还需要适当安排一些休息时间，要注意避免运动员身体发凉或注意力分散。难免会发生一些小的错误，一般而言，每组人数越少越好，这样便于随时随地停止练习或重申目的要求和练习要点。

质量胜于数量

要营造一种追求卓越的环境氛围，而不能使练习变得枯燥无味。对技能练习的要求必须是非常清晰和简明扼要的，然后专注于完成的质量。不要落入那种拖拖拉拉磨人的和忽视质量的练习模式——短时间、高强度和高质量的练习才能产生高质量的效果。记住："熟不能生巧，只能让你一成不变。"

训练课的结构

有多少教练员就会有多少方法来组织一堂训练课。有一些基本的指导原则，将使每一次训练课都对运动员和教练有意义。一堂精心设计、精心组织和简洁的训练课远比两个小时杂乱无章的安排更有价值，因为运动员要么会失去兴趣，要么变得疲惫不堪。

典型的课程结构

让运动员开始就知道你将在这堂训练课中练习的内容。青少年和没有经验的运动员最好选取一项普通技巧或新技巧学习，全程保持高度注意力——不要一次介绍太多东西，这会使得他们很混乱（这适合所有年龄段的运动员）。

随着训练课的进行和队伍信心的增长，前期训练课所涉及的技巧也会越来越成熟。记住，逐步通过提高自信，保证质量，灌输良好的习惯来建立技巧。

1 热身（最多 10 分钟）

目的是使运动员为训练课做好准备，把注意力放在橄榄球上。

主要介绍一些基本动作技巧和动态拉伸的练习。

少年儿童运动员的热身一定要是有趣和多样的——保持不会让他们感到厌倦的运动。不用追求完美——使用一点点想象力，他们也会热忱地参与。

旨在以游戏为基础的活动中完成这部分的练习，热身练习中添加娱乐的元素，增加练习强度。

2 体能训练 / 受控制的游戏环节（最多15分钟）

所有年龄段的运动员都有一个共同点——他们宁可比赛也不愿意训练！因此即使每堂课玩球的时间再短，也要确保他们有机会玩球。

这能够作为体能训练的一部分，有助于将技巧或技能引入到训练环境中，或者作为游戏环节来练习具体的移动或组合，比如一次界外球或者斗牛。游戏或者体能训练帮助年轻运动员认识到橄榄球是什么，使他们学习的效果更持久。

如果你有足够数量的运动员，保持他们的活动和变化。鼓励观察者注意好的技巧，对于做出了努力的运动员要多表扬。除了达阵得分或者射门，比赛中为运动员设定一些目标，这是一个很好的想法——年轻运动员最重要的事情就是得分，他们可能更注重这点，而不是关注球队获得领地和得分的努力。设定扑搂、抢球、成线传球等的次数目标，只要是你的队伍和你需要的，不论什么目标都可以。

运动场上的幽默感是必需的，它不仅能使教练头脑清醒，而且还能消除紧张感，使运动员更加放松，减少失误。喜欢它，享受乐趣！

3 训练（最多 25 分钟）

根据训练课的目的来选择练习的内容。一些训练计划中提供了连续的练习，它明确地指出了练习的顺序。只有按照明确的指示进行，才能使得运动员妥善应对，发展良好的技能。

一些运动员会选择比其他人简单的练习。确保充足的时间解释练习的内容，首先让他们看到一个很好的示范，使他们明白需要什么，阐明这项技能。让他们准备训练，如果有必要，重新设定你对他们的期望——记住：保证质量。

注意不要过度练习一项技能——你不能让运动员感到厌倦和受挫。如果运动员还没有达到你要求的质量，在下一阶段再次回到这种练习，这也没有坏处。如果一次练习中效果不好，你可以把这些练习不好的内容总结出来在以后的练习中继续提高——这在介绍一些更为复杂的练习中特别有用，它需要更多的注意力和配合。

4 放松和柔韧性练习（最多 10 分钟）

不要克扣这部分时间。虽说少年儿童运动员柔韧性比成年人好，相比较他们拉伸的需求较小，但是放松是一种良好的习惯，促进和给予你再次提高训练课技巧 / 目的的机会，以高水平完成练习（如：我们只是看到对抗训练中连续持球突进的价值和怎样沟通使得工作更为简单）。

黄金定律：高质量的练习，必不可少的表扬。

补充：如果你有一群已经具备竞争性比赛能力的运动员，你可以在练习中整合第二和第三训练阶段，体能训练中也能提高技术练习。

器材

训练将需要以下配备：

· 标志盘和标志筒；

· 橄榄球（尽可能多准备）；

· 2个足球（指的是足球训练）；

· 分队服；

· 撞包；

· 6~8条轮胎。

临时凑合的器材

有些队伍受到预算的限制，所以这里有一些可以作为替代的装备。

理想的	替代的
标志盘	需要时用黄油盖和油漆印刷物来提供相应颜色
撞包	塞一些布条进旧的衣服袋子，很适合一些小个子运动员，填充木屑和羽毛能够增加这个袋子的重量。找到这些东西需要花费一点时间，但是找到后会是很理想的材料。为了安全，确保去掉扣子
分队服	剪掉旧T恤领子和袖子，用冷水染色，喷涂上相应的数字，这也许看上去不是很好看，但是对孩子们来说做起来很有趣，也省钱

方法和氛围

训练环境的氛围至关重要，特别是对年轻运动员。成年教练通常是一种权威的形象，你必须谨慎地对待这种责任。如果你告诉运动员，他们做的不好或者太注重于他们的失败，那么他们很容易相信这点，同他们的训练技巧一起快速地下降。训练也是一种实验（为什么称为“练习”），作为教练，角色的一部分就是要为运动员提供一个感觉自由和放松的环境，在这里能够尝试、犯错、继续做和发展。

注重快乐和学习（按顺序排列）	显而易见，指导一个能够连续来参加训练的队伍是更加容易的。注重建立队伍和个人的自信都是很重要的；如果运动员相信他正在提高（无论起点多低），他可能会更有兴趣并投入到练习
明确而具体的学习目标	一般的表述（如：我们正在做扑搂练习）不如像一些具体的和专注的表述那样投入（如：我们即将从前方做扑搂练习。我们都需要擅长这个技术，正锋、边锋和最后卫经常使用这种技术）
从赞赏的角度开始	注重技巧的发展，绝不责备运动员（如：你完全不会接高球，我们要一直练到你会为止）； 一种更为积极的方法是：我们从较差的踢球接球进行反击会非常容易成功，所以我们要花费时间把这个重要的第一步接球做好

第二章

热身

第二章 热 身

下面的练习提供了一些持球和徒手的热身训练，包含一些基本的动作、机动性的练习和一些以游戏为基础的活动。不论运动员多大，总是要遵循同样的规律——他们都要逐渐地建立起速度和强度，注重动作的质量。从心肺功能的提升开始，然后是一些动态拉伸，以游戏为基础的活动完成热身，保持其趣味性，并且他们应该巴不得马上开始！

热身练习中的冲刺和平衡技巧导致比赛场上的达阵——六国赛上意大利队的凯恩·罗伯逊摆脱法国队的克里斯托夫·多米尼西得分。

示例 1 偷球

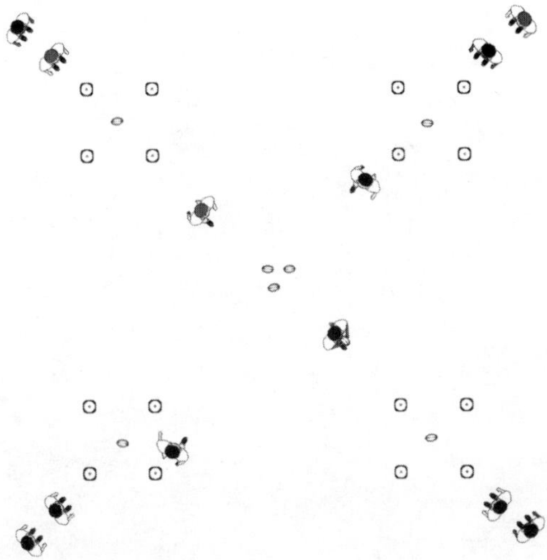

目的：发展沟通技巧和速度。

配备：16 个标志盘和 8 个球。

练习方法：在一个正方形（边长大约 5 米）的每个角落用 4 个标志盘做成一个 1 平方米的正方形——这将是每个球队的“基地”。运动员分为 4 队各站成一条直线，每队在其基地后面。8 个球被放在这个正方形的中央。听到教练口令，每队中一名运动员跑向正方形中央抓一个球（仅一个球）放在他们的正方形中。然后，这条直线上的下一名运动员出发抓另一个球。一旦正方形中央的球都被拿完，他们可以从其他“基地”中偷一个球放回自己的正方形中。这个训练持续到其中一支队伍的“基地”中有 3 个球。如果在设定时间没有队伍胜出，教练可以增加一个球，提高胜出概率。

指导要点：注意是否有运动员一次拿 2 个球。鼓励每队运动员与跑动运动员充分沟通，使他意识到该往哪里跑。

示例 2 骑兵和帮手

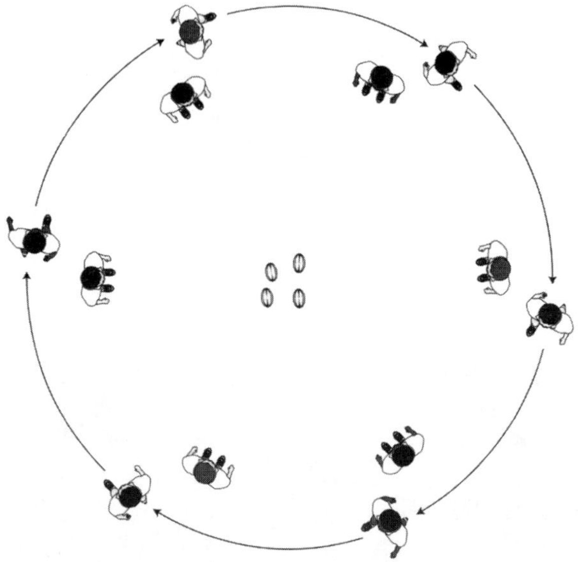

目的：热身。

配备：几个球。

练习方法：运动员被安排在两个同心圆中。几个球被放在同心圆的中间。在外部圆中的运动员听到叫“左”或“右”时，他们要按照顺时针方向围绕整个圆跑动。一旦运动员返回起点位置，他们必须爬过内部圆中运动员的双腿之间，抓一个球并返回到起点位置。抓球之前运动员需要双脚站立。这个想法是要求运动员的数量要多于球的数量。

指导要点：确保组间的充分休息。这能确保运动员在短距离中练习高质量的速度和灵敏度。

示例 3 Z 字形折返跑

目的：通过练习冲刺和改变方向热身。

配备： 7 个标志盘和 4 个球。

练习方法：如图所示放置这 7 个标志盘，第一个标志盘被放在达阵线和边线的角上。运动员成一条直线站在这个标志盘后方的边线上。听到教练口令，第一名运动员慢跑到第二个标志盘，快速地转向冲刺到第三个标志盘，转向慢跑到第四个标志盘，然后如图所示通过这个网格，重新回到起点，等待再次练习。双手在胸前持球跑动。

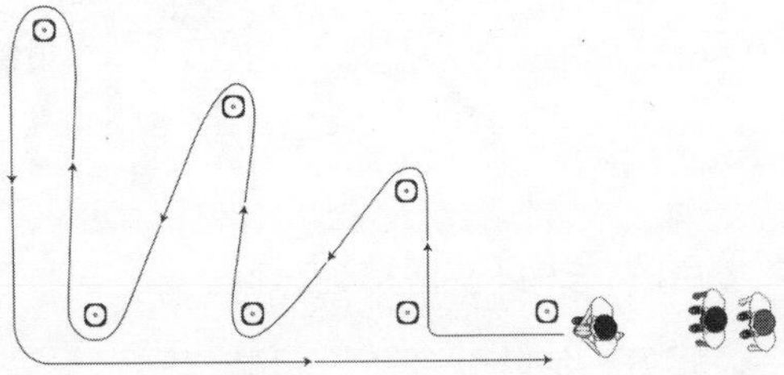

指导要点：注重需要外侧腿快速地改变方向——保持标志盘之间足够短的距离（最多 5 个跨步）。加速前进时，指导运动员开始两到三步采用较小的步伐有力地推离地面，身体略微前倾，使用他们的手臂有助于推动向前跑，并且看向他们跑动的方向，而不是地面。这可能有助于增加他们抬膝的高度——这能防止脚在地面拖拽，特别是在运动员还不能控制这个动作时，往往运动员在生长发育过程中四肢较瘦。第一名运动员通过两个标志盘后，下一名运动员才出发。保证练习运动员的数量足够多，确保每名运动员都有充足的恢复时间，但是不能使身体冷下来。

进阶：要求运动员双手持球开始跑动，并且每次改变方向时把球交换到一只手。球应该总是在内侧手臂（假使跑动运动员准备挡开一个可能来自外侧的扑搂人）。慢跑阶段变为双手持球。

示例 4 蛇形

目的：热身及保持趣味性。

配备：每队配备 1 个足球。

练习方法：每队运动员最多为 6 人。每队运动员一个接一个排成一列，双腿分开间距 1 米。运动员 A 持球作为最后一名运动员。听到教练口令，运动员 A 把球滚过这队运动员双腿之间，然后跑到队的前面抓住他滚的球。一旦拿到球，保持面向前方，他捡起球转动身体把球递给后面运动员，这名双手拿球运动员转动身体向相反方向递给下一名运动员。重复这种左 / 右转动动作，直到球回到队尾的运动员手中，他再一次把球滚过这队运动员双脚之间的通道，重新开始练习。重复到每名运动员都滚过球。

指导要点：虽然这是一种“年轻的”练习，但是这种转动动作对上肢是很好的热身方式，两队还可以相互比赛，增加趣味性。

示例 5 闪躲抓人

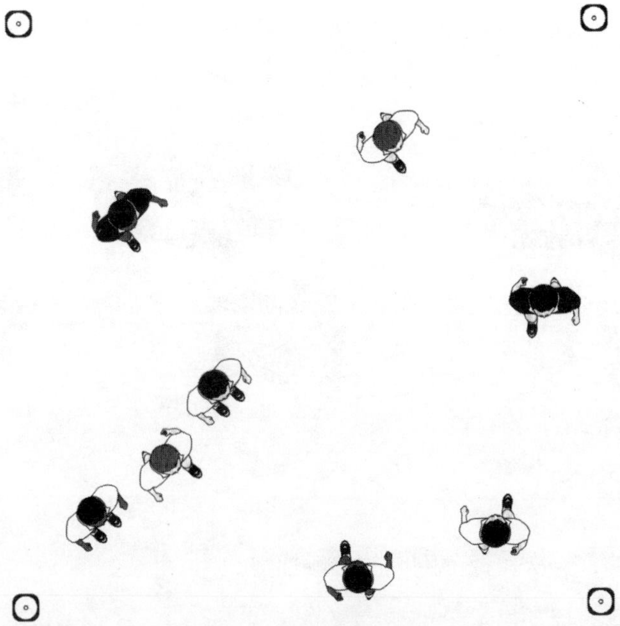

目的：练习闪躲技巧，提高平衡动作。

配备：运动员。

练习方法：被选定的练习区域应该满足一定数量运动员的跑动，但是也不能大到完全自由的移动。理想情况下是 10 平方米区域安排 8 名运动员。使用 4 个标志盘标记这片区域。两名运动员抓人（图中黑色运动员）。余下的运动员必须躲避他们，避免被抓。被抓的运动员必须站在原地，对其他闪躲的运动员形成障碍。

指导要点：鼓励运动员做明确的闪躲动作，躲开障碍物。注意快速地改变方向，用外侧脚推开身体，使用髋关节和肩部保持平衡。所有步法应该是平衡受控制的。

进阶：减少运动员练习的区域，增加抓人运动员的数量。

示例 6 反式摔跤

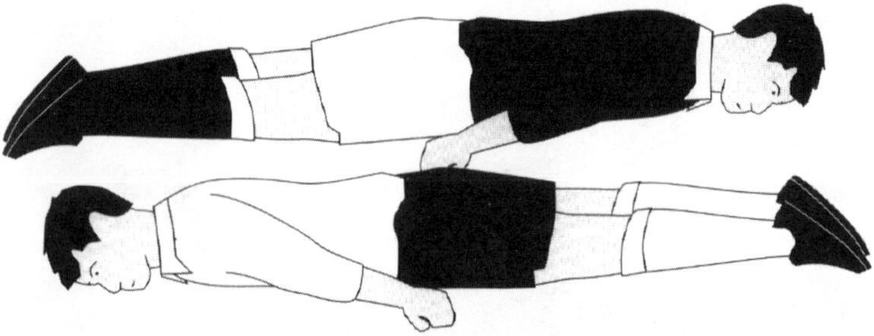

目的：一次可控范围内的接触热身。

配备：运动员。

练习方法：运动员分为两人一对，头对脚面向地面趴在地上。听到教练口令，看谁能先站立起来比赛。鼓励运动员使用任何橄榄球允许的规则（绝对不能用拳猛击、踢人或击打）阻止他们的对手站起来。

指导要点：尽最大可能使运动员的体格能够匹配。

示例 7 动态拉伸

目的：拉伸大肌肉群作为热身的一部分。

配备：运动员。

练习方法：运动员沿着边线站成一行。他们一起练习，穿过场地完成下列动作。

· 弓箭步——交换腿。向前跨一大步，深弓箭步，以正确的角度屈曲双腿。

· 后踢腿——脚跟踢向大腿后侧。用尽可能多次的快速后踢腿通过这片区域。

· 日本相扑深蹲——面向一个方向，身体保持直立，宽站姿，运动员向下深蹲，然后恢复站姿。重复 5 次，然后面向另一个方向重新训练。

每一次动态拉伸穿过相同的练习区域。重复练习，回到场地的起点。

指导要点：注重受控制的动作和平衡——速度不重要。弓箭步时运动员要保持膝盖在脚趾的后面，同时身体保持直立。

示例 8 球的练习

目的：持球热身有助于发展运动中控球的信心。

配备：每队运动员配备一个球——每队人数为 4、5 或 6 人。

练习方法：运动员开始成一直线站立，两运动员大约间距 3 米，相互间能够接到前一名球员的球——如图所示。每条线上第一名运动员持球。这个练习可以作为接力赛或单个团体来完成。听到教练口令，第一名运动员把球分别在头部和腰部绕两个圆，然后把球传给下一名运动员，下一名运动员重复这样的动作。最后一名运动员完成转球动作后，朝反方向跑到队头，把自己的位置作为起点位置重新开始练习。重复练习直到出发点的运动员持球返回到队头为止。

指导要点：注重球的控制和快速移动。年轻运动员特别是在竞赛环境中，会容易匆忙、注意力降低、失去对球的控制。可以增加围绕身体的转球次数。

示例 9 传球热身

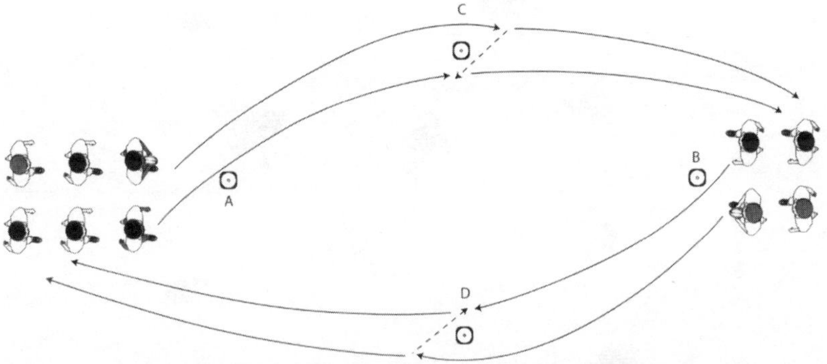

目的：持球热身有助于发展传球的信心。

配备：两队运动员配对练习，每队配备一个球。

练习方法：建立一个如图所示的练习区域，两队从标志盘 A 和 B 后开始。每队中的第一组运动员以一条弧形跑向标志盘 C 和 D——如图所示。持球运动员以一个宽于内侧队友的弧形慢跑到标志盘的外侧，跑在持球运动员身后的队友跑向标志盘的内侧。持球运动员在这个标志盘处传球给接球运动员。两名运动员继续慢跑，加入到对侧标志盘的后面作为他们的起点继续训练。

指导要点：慢慢开始，随着传球自信和准确度的提升，逐渐地开始发展速度。注重传球的控制，接球人双手作为传球人的目标，做好准备，并接住球。接球人需要掌握跑向内侧标志盘的时机，使得传球时他在持球人的后面。

示例 10 球抓人

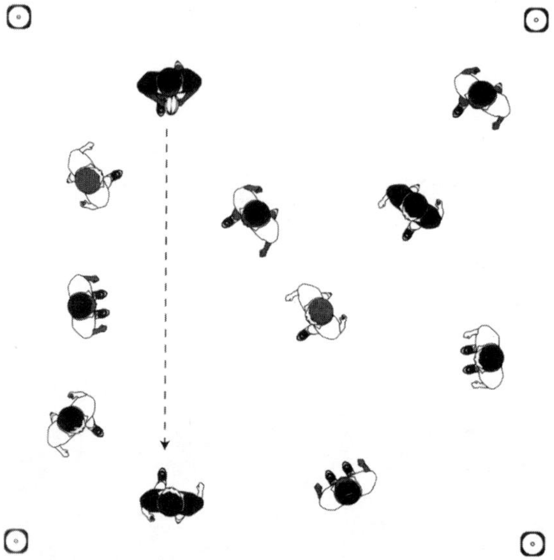

目的：发展运动员的沟通技巧、速度和意识。

配备：4 个标志盘和 1 个球。

练习方法：使用这 4 个标志盘（间隔大约 5~10 米宽）构建一个正方形。三名进攻运动员和数量众多的闪躲运动员在正方形中练习，进攻运动员的目的是持球触碰闪躲运动员。一旦被触碰，闪躲运动员必须静止不动。进攻运动员能够传球给队友，一旦他们接到球，那么他们只能在以一只脚为轴的活动区域内触碰闪躲运动员。“自由的”闪躲运动员必须意识到静止的“被标记”球员的位置，在他们周围跑动和躲闪。

指导要点：鼓励进攻运动员间多沟通和移动，快速准确地传球。

进阶：有规律地改变进攻运动员，观察他们在固定的时间（比如说两分钟）能抓住多少运动员。

第三章

速度发展

第三章　速度发展

优秀的橄榄球运动员能够展示快速的节奏变化和出色的短跑技巧，使他们在进攻中发现前进空间并躲开防守方，获得领地和达阵得分。这些技巧需要平衡、力量和身体动作的控制——这都是青少年运动员需要发展和练习的。

本章列举了有助于发展力量、平衡、节奏变化和短跑技巧的训练技术。

威尔士队的边锋乔治·诺思示范了摆臂高抬腿练习，他在为秋季国际比赛做训练准备。

示例 11 小步跑

目的：发展脚步速度、平衡和移动的控制。

配备：运动员。

练习方法：站在边线上的运动员面向场地内 5 米线。运动员快速小踏步跑向 5 米线。运动员到达 5 米线时，慢慢地走回这条边线，再次开始练习。训练目的是在尽可能最短的时间里完成更多的小踏步。

指导要点：年幼的儿童会分散注意力，通过增加步长而达到更快的向前跑的目的。每次开始练习前再次强调“快步跑和小踏步”。指导运动员以泵感动作摆动手臂保持平衡。为了避免脚在地上拖拽，他们也需要抬高膝盖——你不需要做到前面训练中的高抬膝动作，这样做的目的在于增加与地面的快速接触感觉。让他们体会到尽可能快的“快步跑”的感觉。这种赛跑不是看谁跑得最快，而是看谁能在指定距离中完成最多的脚步。

进阶：进行一次计时赛——谁能在 10 秒内完成最多的小踏步？

示例 12 侧跳

目的：为了提高一般灵敏性；调节腹股沟肌群（内收和外展肌群）；预防不平衡损伤并稳定原动肌肌群。

配备：运动员。

练习方法：运动员分成四组分别站在4条线上（A、B、C和D），A和B在一条线上，C和D在另一条线上。所有运动员面朝一个方向并相互侧对站立。保持正确站姿，A行每一次侧向跳跃要保证高度和距离。然后C行开始训练，依次进行。

指导要点：全程保持训练质量，组间恢复充分。随着运动员疲劳的出现，他们的身体会出现松弛的现象，侧跳也可能会出现扭伤。运动员回想起始动作有助于保持身体处于正确的姿势。这里不需要快速向前运动——高度和“悬空时间”才是你所需要的。

进阶：鼓励年长运动员讨论和观察，使他们成为自己的教练。提醒他们身体形态和动作质量才是一切。

示例 13 高踢腿

目的：发展力量和动作技巧。

配备：运动员。

练习方法：从边线上开始，运动员向场地中央行进过程中完成一系列高踢腿动作，每一次踢腿在大腿下击掌。每条腿尽可能抬高，训练过程中尽可能控制动作。目的是完美的动作，而非速度。

指导要点：运动过程中腿要伸直。身体不能向膝关节屈伸。要求动作是完美的，不论腿伸的多高多直。随着训练时间的推移，关节活动范围将会提高和发展。

示例 14 高抬膝

目的：调节屈髋肌群；学会跑动中快速抬高膝盖，增加步长，减少脚与地面接触时间，因而增加速度。

配备：运动员。

练习方法：运动员分别站在 4 条线上（A、B、C 和 D）。A 和 B 站在一条边线上，C 和 D 面向他们站在另一条线上。A 行慢慢向前跑，快速抬高膝关节至胸前，保持大腿和跑动方向在一条直线上。他们到达另一侧时，C 行开始训练，然后 B 开始并依次进行。每行保证充足的恢复时间。

指导要点：全程保持训练的质量，组间恢复充分。随着运动员疲劳的出现，他们的身体会出现松弛和膝关节外展的现象。如果这些现象出现了，立即中止运动员的练习，并再次提醒他们训练的要求是将膝盖抬至胸前，而不是其他位置。此训练不需要快速的向前运动——这里快速的脚步和高抬膝才是最重要的。运动员要保持身体直立，眼睛看向他们前进的方向，以泵感动作摆动手臂有助于保持身体平衡。每组三次已经足够了——这种练习可结合其他速度练习作为热身后练习的一部分。

进阶：鼓励年长运动员讨论和观察，使他们成为自己的教练。提醒他们身体形态和动作质量才是一切。

示例 15 高跳步

目的：改善屈髋、伸髋肌群和腓肠肌；为了速度的发展学会发力，缩短与地面接触时间。

配备：运动员。

练习方法：把运动员分为４组（A、B、C和D）。A和B在一条线上，C和D在另一条线上。保持正确的身体姿势，A行高跳步穿过这边区域。他们到达另一条线时，C行开始训练并依次进行练习。

指导要点：全程保持训练的质量。组间恢复充分。提示他们头部处于最高点时正确的空中姿态。运动员的目的应该是尽可能跳到最高并抬起膝盖，前腿抬起来以便前面的观察者可以看到鞋底，使用手臂协助向上跳。

进阶：鼓励年长运动员讨论和观察，使他们成为自己的教练。提醒他们身体形态和动作质量才是一切。

示例 16 折返跑

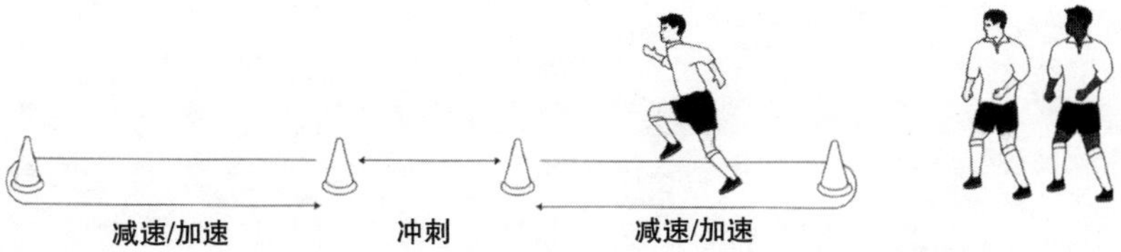

目的：发展速度和耐力。

配备：4 个标志筒。

练习方法：标出一段 10 米、5 米、10 米的跑动距离。运动员从第一点到第二点逐渐加速，然后冲刺 5 米。最后 10 米减速跑，直接掉头并加速跑到第二点，再次以相同的方式完成训练。一个来回记作一次。每名运动员完成两次，再次练习前以慢走的方式至完全恢复。从每次三组、每组两次练习开始，在几周时间内渐进地增加训练量。

指导要点：鼓励运动员注意速度的明显变化和控制动作。要求运动员进入加速阶段时，在开始的二或三步使用较小脚步用力地出发，身体略微前倾，摆动手臂带动身体向前，眼睛目视前方。随着速度的增加，步长加大。指导运动员抬高膝盖（不是像前面训练中过度的抬高），仅是为了避免脚在地面拖拽。他们应该“泵动”手臂，帮助维持身体平衡。

进阶：使用秒表记录中间 5 米的时间。通过每次练习增加 1~2 次来增加重复次数，同时确保维持中间部分的训练质量。

示例 17 变速冲刺

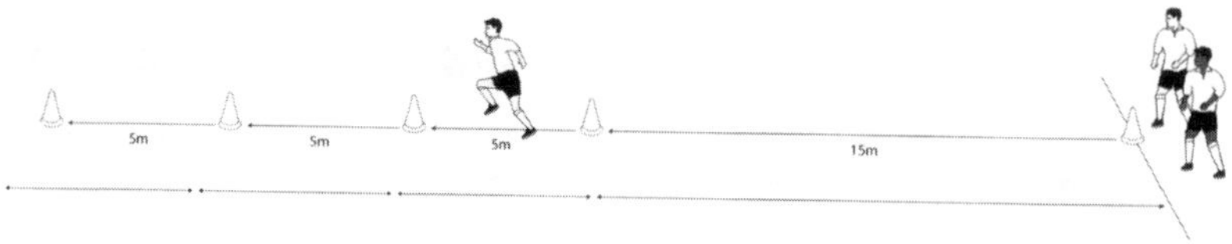

目的：发展显著的节奏变化。

配备：4 个标志筒。

练习方法：在一条直线上放置 4 个标志筒——第一个标志筒被放在距边线的 15 米处，余下 3 个标志筒依次保持 5 米间距。从边线开始，运动员逐渐加速到第一个 15 米点时达到最大速度，保持全速到第二个标志点，逐渐减速到以 3/4 最大速度到达第三个标志筒，然后立刻加速以最大速度跑到最后一个标志筒。为了恢复慢慢地走回到起点。

指导要点：在这里运动员训练他们身体快速追击的能力，所以完成这种训练时，他们的身体需要保持充沛的能量。必须保证组间的充足休息，确保每组训练的最高质量。如果运动员处于疲劳状态时进行这种训练，他们根本不会体会到这种快速的速度变化。告诉运动员集中注意到本体感觉。当他们加速时，运动员开始的第二或第三步使用较小脚步用力地出发，身体略微前倾，摆动手臂带动身体向前，眼睛目视前方，增加步长。为了保证平衡性，在标志筒处把握速度的变化，以发展速度的控制。

第四章

手控球和进攻

第四章　手控球和进攻

橄榄球赛场的胜利是从定位进攻（包括斗牛、界外球和罚踢等）以及第二波或接下来的进攻开始，进攻的空间和持续的快速传球是达阵的必需要素。运动员控球和创造机会，这都可能帮助球队获得更多的领地范围，继而达阵得分。

传球是一项关键的橄榄球技术。青少年运动员需要发展他们接球和传球的信心、对球的感觉、对不同环境的反应及在防守压力下保持控球的能力。

比赛中练习传球技巧也是非常重要的。这促使运动员发展他们的决策技能和战术意识，例如适应环境、何时传球、何时持球、传给谁、掌握传球的时机等。优秀橄榄球运动员的决策和阅读比赛的能力与技术能力一样重要。

另一项关键的进攻技术是变向——在步伐上能够快速摆脱扑搂运动员，并保持向达阵线前进的能力。这对于躲避扑搂特别有效，还能为获得领地范围和得分创造更多条件。

变向好的运动员需要快速的脚步和反应能力。比赛时，指导一名青少年运动员快速决定变向的时机和方向，接着向达阵线直线冲刺。随着自信心的增长，他们能够从容地完成动作。不要放弃，重视基础练习，随着能力的提高和经验的积累，逐渐建立这种复杂的反应机制。

尽管被英格兰队的汤姆·克罗夫特扑搂，为了新西兰队的继续进攻，全黑队的丹·卡特做了一次至关重要的传球。

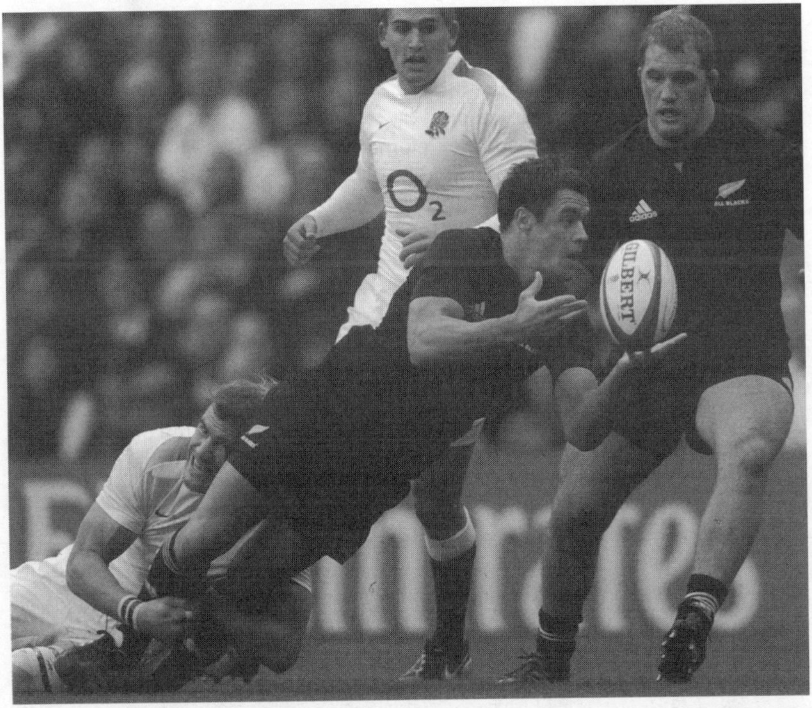

示例 18 正方形追逐

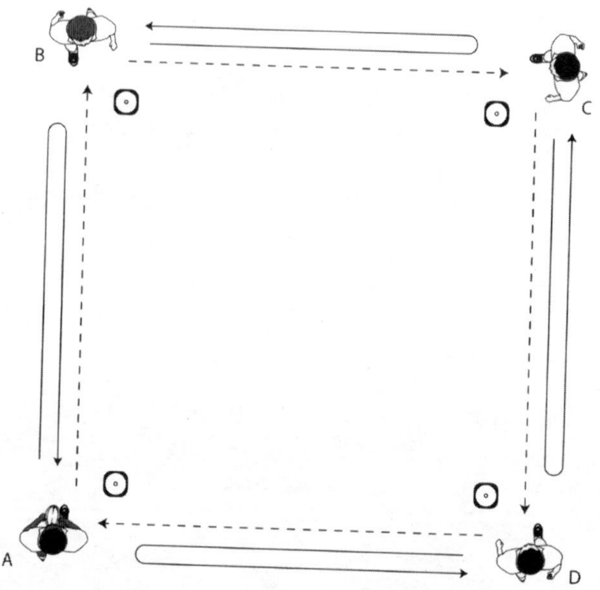

目的：提高传球和移动技术。

配备：4 个标志盘和 1 个球。

练习方法：用相互间距 3 米的标志盘建立一个正方形。A 运动员持球开始练习，传球给 B 运动员。A 运动员跑到 B 运动员处然后返回 A 起点。以这种方式围绕这个网格持续练习。

指导要点：训练要确保每一名运动员专注于传好球，而不是慌忙地“摆脱”球。提醒运动员，球飞行的速度总是快过他们的跑动速度——这才是训练课的价值！

进阶：运动员熟练掌握训练原理后，在对侧角落增加一个球并重新开始。训练目的是一个球能够追上另外一个球或者练习能够达到 1 分钟——任何一个先到就实现目的。

示例 19 传球 1

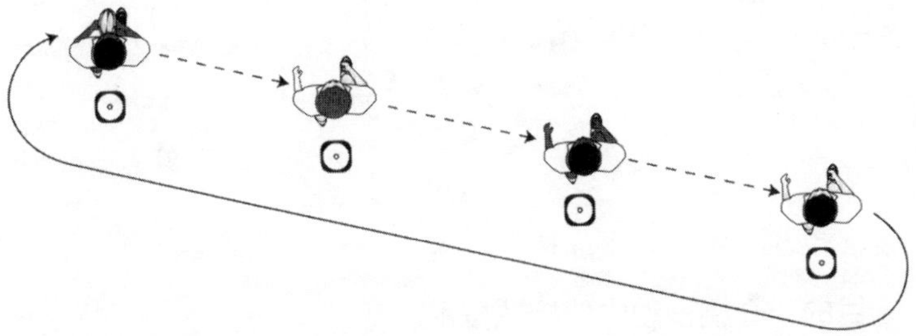

目的： 介绍基本的传球和接球技术。

配备： 4 个标志盘和 1 个球。

练习方法： 在一条斜线上放置 4 个大约间距 1.5 米的标志盘。听到教练口令，球员沿线依次传球。最后一名球员接球时，跑回第一个标志盘，其他球员依次移向右边的下一个标志盘。训练持续到每一名球员在每个位置都传过球。为改变传球方向，暂停练习，所有运动员面向相反的方向，所以这条斜线将会反转。

指导要点： 身前的传球应该动作流畅，注重使用手、腕关节和手臂传球，不是肩关节。鼓励持球人寻找接球人的手作为传球目标。当球从左边传来时，接球人右脚略微向前站，肩转向传球人，抬高双手准备接球。球从另一侧传过来时，换脚往前站。

进阶： 让运动员原地跑动起来完成相同的训练。

示例 20 传球 2

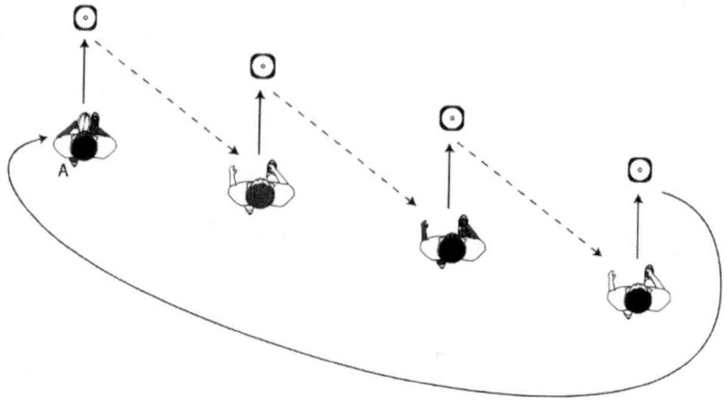

目的：介绍移动中传接球技术。

配备：4 个标志盘和 1 个球。

练习方法：在一条斜线上放置 4 个大约间距 1.5 米的标志盘，每名运动员站在标志盘后方 1 米处。听到教练口令，A 运动员走向前面标志盘，到达后他传球给第二名运动员，后面运动员依次走到前方标志盘后接传球。最后一名运动员接球后跑向第一个标志盘，余下运动员依次向右移到下一个标志盘。训练持续到每一名球员在每个位置都传过球。为改变传球方向，暂停练习，所有运动员面向相反的方向，所以这条斜线将会反转。

指导要点：由于青少年运动员不得不立刻移动、思考并执行这项技巧，这项简单的练习对一些青少年运动员也是一种挑战。他们对传接球技巧的简明理解非常重要——身体转向来球并抬高双手接球，注重接球瞬间将球顺畅地在身前传球给接球人。这种训练介绍了向前跨步的时机。确保行走过程中节奏稳定，以便一跨步状态中完成接球和传球。运动员休息时，告诉他们如何提高把握时机的能力。

示例 21 传球 3

目的：发展移动中传接球技术。

配备：15 个标志盘和 1 个球。

练习方法：如前所述，在一条斜线上放 5 个标志盘，前方 10 米再摆另一条斜线，最后一条斜线摆在网格中间。这为运动员创造了 4 条“跑道”。听到教练口令，第一名运动员慢跑到第二个标志盘后传球给第二名运动员。第二名运动员接球后，慢跑两、三步即传球给第三名运动员。最后一名运动员接球后跑向第一个标志盘，余下运动员依次向右移到下一个标志盘。训练持续到每一名球员在每个位置都传过球。为改变传球方向，暂停练习，所有运动员面向相反的方向，所以这条斜线将会反转。

指导要点：接球人必须保持在传球人后面一小段距离，被鼓励跟着球跑动。重点是“要球时的跑动，在持球人身后等待要球，跟着球跑动。”一旦一名运动员传球，他必须减速并让持球人超过他。这个重要的概念是橄榄球运动的核心——永远待在球后面。正如前面的训练，简明扼要地一再讲解传接球技巧非常重要。提醒运动员应该什么时候跑，一条优秀的传球路线是什么样的等。

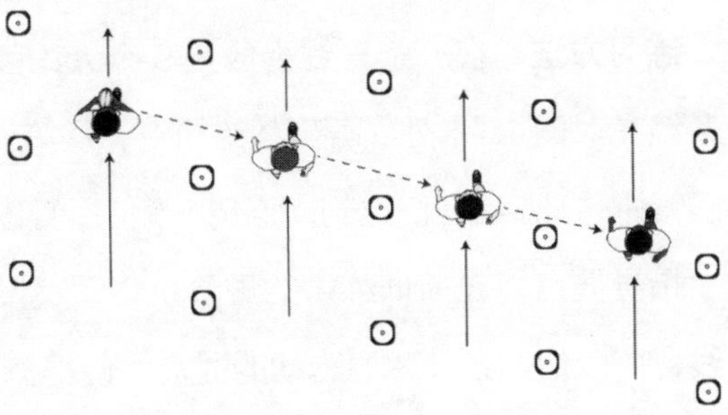

进阶：增加跑动速度。一旦运动员熟练掌握了这种练习，分组设置计时赛，比赛中出现掉球、跑出赛道或前传都会受到处罚。

示例 22 传球 4

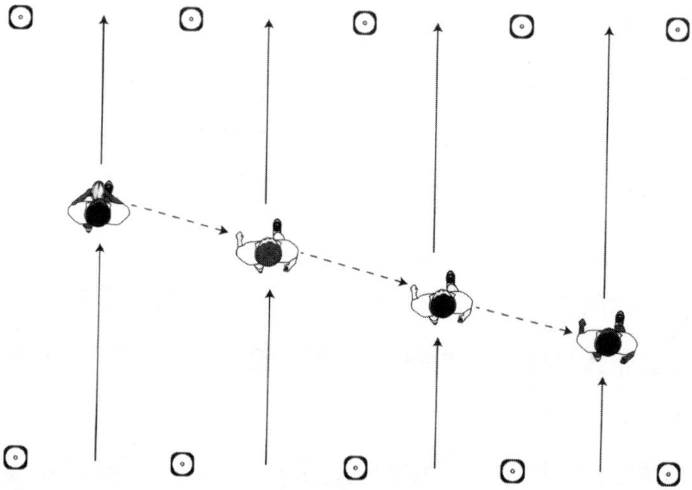

目的：提高移动中传接球技术。

配备：10 个标志盘和 1 个球。

练习方法：在一条直线上放置 5 个大约间距 2 米的标志盘，另一条线在对侧 15 米处。听到教练口令，从第一名持球运动员开始，沿线慢跑传球。当他们达到网格另一侧时，暂停重新排列，然后返回。

指导要点：先前训练中的进阶是运动员没有一个现成的交错传球线，所以他们必须掌握跑动的时机，使得持球运动员带球前进。

进阶：要求运动员增加跑动的速度。两侧运动员相向同时跑动传球。

示例 23 跳接

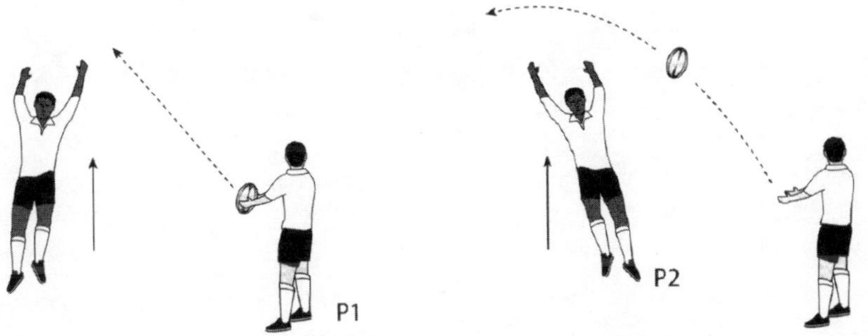

目的：发展自信心，练习接高球。

配备：每一对运动员配备一个球。

练习方法：运动员大约间距 3 米面对面站立。由 A 运动员持球开始，抛一个高球给前方跳接球的 B 运动员，旨在最高点接球。B 运动员落地后给 A 运动员抛一个高球。重复进行抛球。这种练习可以在团队训练中或一次接力赛中进行。

指导要点：注意跳接的时机，使运动员在最高点接球，而不是等球落到手上。提示他抬高左或右膝跳起来，并使用摆臂跳得更高。运动员宽脚距落地，以保持平衡。

进阶：在空中跃起的运动员做转向动作，接球落地向相反的方向——正如使球不被防守运动员抢去那样。运动员能够持续地接球和转向时，进阶到越过接球运动员肩部的抛球，使接球人不得不转身追球以掌握跳接的时机。

示例 24 持球移动

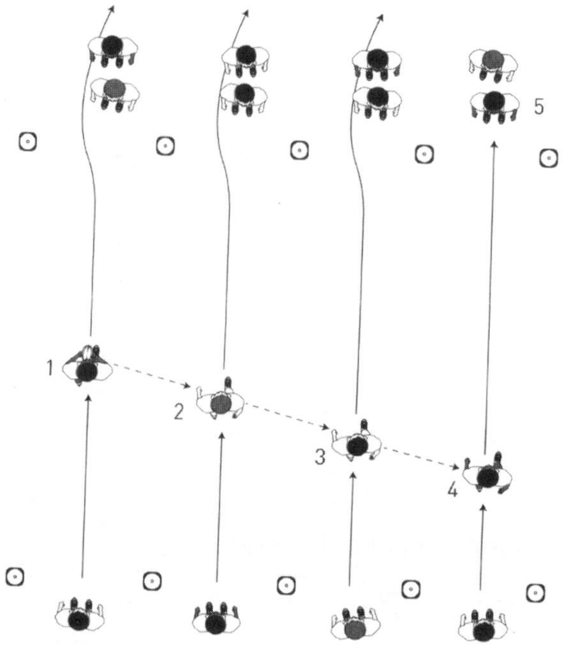

目的：介绍移动中持球技术。

配备：10 个标志盘和 1 个球。

练习方法：由两条线上间距 2 米的各 5 个标志盘建立一个 10 平方米的网格。每个标志盘后面安排两名运动员，球在运动员 1 手上。听到教练口令，运动员 1 跑出去传球给运动员 2，他们一直沿着线向前跑。运动员 4 接球时，一直向前跑并将球传给运动员 5，运动员 5 带动他所在的一排运动员向之前那样继续传球。此练习持续到这四组运动员跑完。

指导要点：运动员应该抬起双手接球。他们的传球应该顺畅地由身体前方传出，并且必须将接球人的双手作为传球的目的地。

示例 25 寻找发现空档

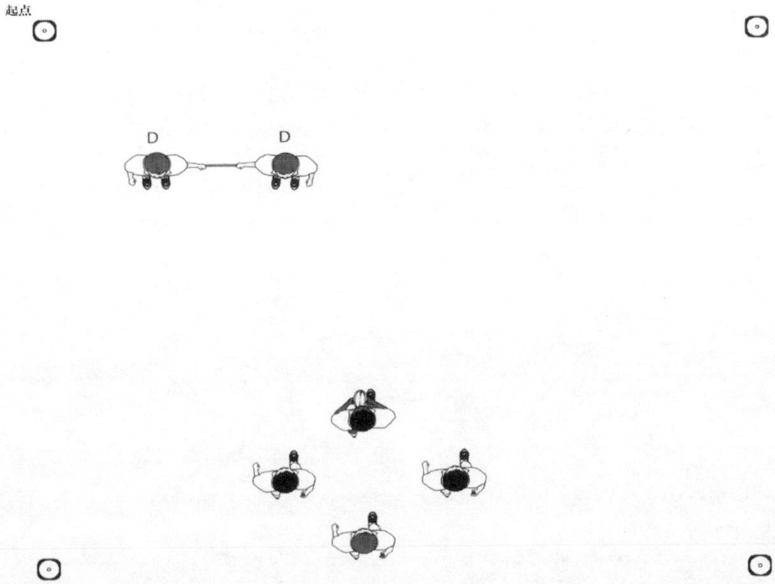

目的：发展移动中传球、沟通和做决定的信心。

配备：每 6 名运动员一组，1 个球，1 个标志带和 4 个标志盘。

练习方法：建立一个 10 米 ×10 米的网格区域（根据团队能力、网格区域大小可以变化）。2 名防守运动员手持一条带状物或弹力带扮演障碍，组中其他 4 人持球进攻。从正方形对角线开始——如图所示——进攻方 4 人必须相互传球，旨在到达另一边线并达阵。他们必须形成一条进攻线将球传向后方。防守运动员必须团队合作，努力创造一个障碍，阻止进攻运动员向空档移动。进攻运动员必须对防守运动员的防守做出反应，努力找到不同传球向前推进的空档。

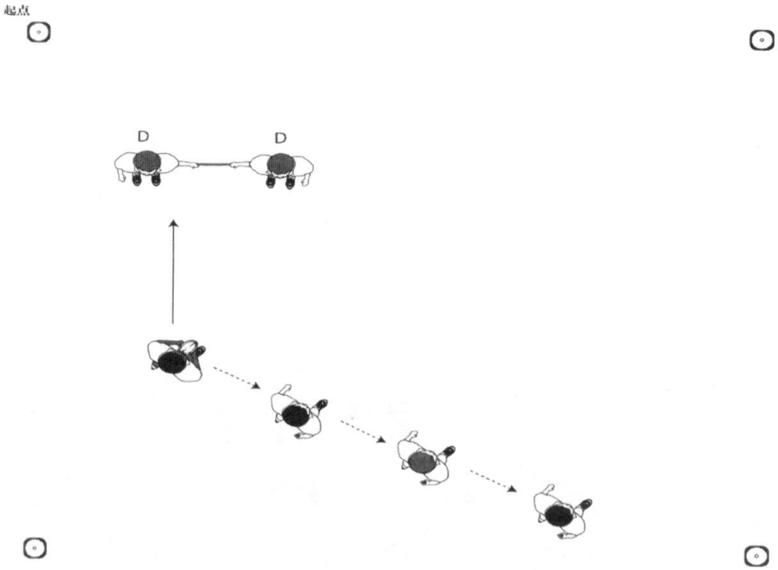

指导要点：这涉及了运动员的思考和相互间的反应，所以没有经验或年轻的运动员可以慢慢地开始练习，让他们体验到移动到空档中的感觉，改变传球方向以躲避防守运动员。从菱形站位开始后寻找进攻线路的队列，鼓励进攻运动员多沟通。防守运动员也需要沟通和合作——进攻和防守运动员之间不能有任何接触。当他们对此练习更有自信时，增加进攻运动员的节奏，寻找通过这片区域的空档。

进阶：增加练习区域面积，防守和进攻运动员组数。注意保持训练队形。

示例 26 快传球

目的：发展快速传接球能力。

配备：5 个标志盘和 1 个球。

练习方法：如图所示放置 5 个标志盘。F 和 R 运动员之间的距离依他们之间的经验而定，开始间距 3 米——随之增加。第一位运动员从起点开始慢跑，一到中间标志盘接 F 运动员传球，然后传球给 R 运动员。他从最后两个标志盘之间跑过，然后再次回到队尾准备重复练习。保持运动员的轮转和练习的人数，避免等待时间过长。改变跑动的方向，练习另一只手的传球。

指导要点：练习时运动员接球后会有斜跑，会有偏离传球一定角度的现象。比赛中这会减少进攻队的有效进攻空间，以致使他们向边线移动。为了避免出现这种情况，鼓励运动员直跑，确保运动员跑动时抬起双手，手掌面向传球人准备接球，紧盯住来球。传球应该平稳地通过身体前方，为了传好球，他们必须寻找接球人的双手。

进阶：增加跑步速度，减少运动员 F 和 R 的距离，以减少传球时间。随着信心的增长，要求运动员 R 变换张开双手和握拳两种方式。跑动者只能在接球人张开双手时传球，所以他必须紧盯着接球人。如果他看到的是拳头，直接从最后两个标志盘间快速跑过。

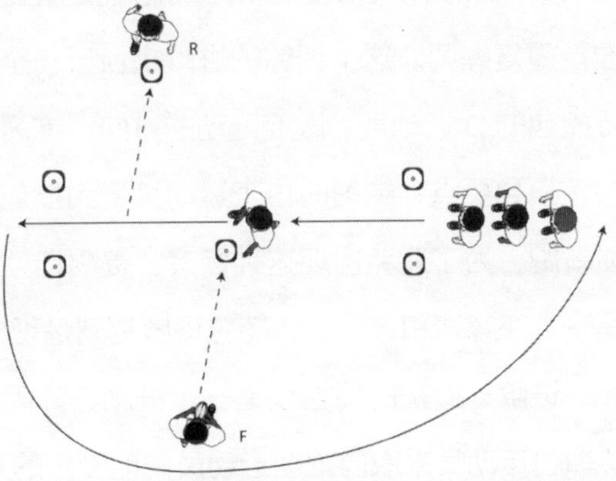

示例 27 压力下快速传球

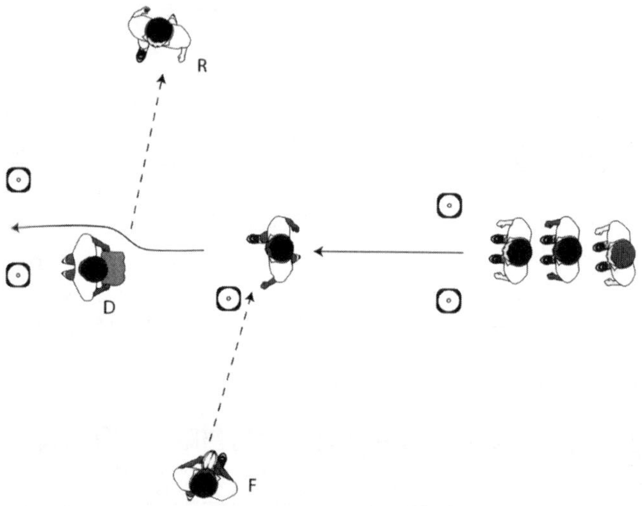

目的：提高快速传接球能力。

配备：5 个标志盘，1 个球和 1 个撞包。

练习方法：如前面练习中放置 5 个标志盘。如图所示，第一位运动员从起点开始慢跑，一到中间标志盘接 F 运动员传球，然后传球给 R 运动员。他从最后两个标志盘之间跑过，然后再次回到队尾准备重复练习。这个训练的进阶来自于一个走上前对传球施压的手持撞包的 D 运动员。改变跑动的方向，练习另一只手的传球。

指导要点：练习时由于运动员受到撞包的压力，接球后会更容易斜跑，为了避免出现这种情况，提醒运动员直跑。跑动者不仅全程一直注意球和接球人，还应该感觉到是否传球成功。

进阶：最初的撞包仅是一个被动的障碍物，随着技巧的提高，持撞包运动员采取向跑动运动员向前跨步的方式增加压力。

示例 28 捡球扫传

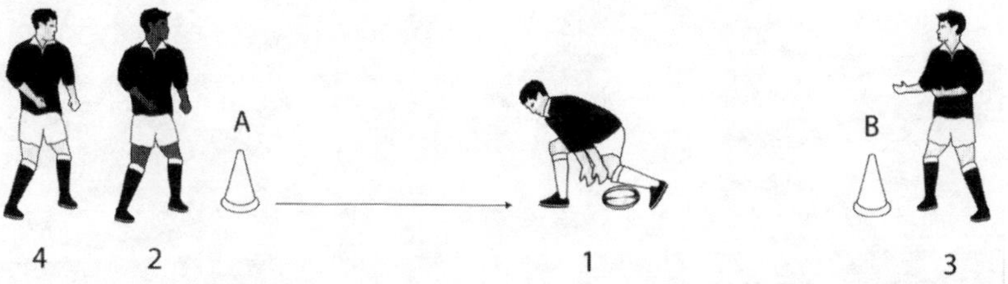

目的：发展移动中从地面扫传球的能力。

配备：每队配备 2 个标志筒和 1 个球。

练习方法：运动员被分为几队，每队不超过 4 人。两个标志筒（A 和 B）间距 5 米。球被放在标志筒 A 前面 2 米处。运动员 1 跑出去将地上的球扫传给 A 点后的运动员 2，然后跑到对面队尾。现在运动员 2 将球放在标志筒 B 前方 2 米处，跑到对面队尾。运动员 3 跑出去将地面的球传给运动员 4，训练依次进行。

指导要点：进行这种训练时，运动员可以快步走向球——脚的位置至关重要，正确的技巧比速度更重要。拾球时后脚应该在球旁边，前脚指向接球人。这个动作与其说是拾球传球，不如说是“扫”球。运动员应该屈膝而不是屈背，这样做可以帮助他们抬头发现目标，接球人一直抬手做好准备。

进阶：略微增加距离。

U16 学校橄榄球——传锋正在从斗牛传出球。

示例 29 拾球和传球

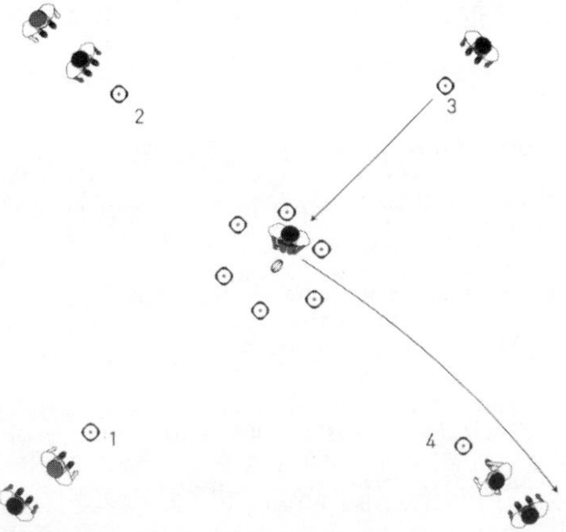

目的：发展移动中从地面传球的能力。

配备：10 个标志盘和 1 个球。

练习方法：如图所示直径 1 米圆上放置 6 个标志盘，另外 4 个标志盘放在 3 米处，这些标志盘后最多安排 3 名运动员。4 个外部标志盘分别被命名为 1~4 号，球放在圆的中心。当教练叫一个数字和方向时（如“1—左”），指定标志盘上第一名运动员跑向圆中心，将地面上的球传给指示方向的运动员，再跑到对侧队尾，准备再次练习。接球人跑出去并将球放回圆中，跑到对侧队尾，准备再次练习。随后，教练喊出另一个数字和方向，依次进行训练。

指导要点：如前所示，拾球时后脚应该在球旁边，前脚指向接球人。这个动作与其说是拾球传球，不如说是“扫”球。运动员应该屈膝而不是屈背，这样做可以帮助他们抬头发现目标，接球人一直抬手做好准备。教练必须清楚，随着运动员绕着网格来回跑，他们的号码相应地发生了变化。

示例 30 没有固定的战术或打法的进攻

目的：从没有固定的战术或打法的状态重建一条进攻线。

配备：每 4 名运动员配备 14 个标志盘和 1 个球。

练习方法：如图所示，这 12 个标志盘成一条直线间距 1 米，每条线上的标志盘与下一个间距 2 米。运动员开始站在 X 标志盘，球被放在 Y 标志盘处。运动员依次被命名为 1~4 号。教练叫出一个号码即为训练开始。被点名的运动员作为传锋跑到 Y 标志盘，他准备传球给第一名运动员。同时其他运动员绕过 Y 标志盘转向网格形成进攻线。球达到网格远侧末端时训练才算完成。

指导要点：这个练习要求运动员掌握跑动的速度，以确保他们处在适当的位置接球。这些标志盘为运动员创建了一条跑动的跑道。运动员必须跑这个急弯，面向这个网格而不是直接穿过去。运动员接球和穿过网格时会有斜跑的趋势。这种斜跑通常有以下几点：

- 没有掌握跑动的时机，为了避免越过传球，被迫向侧面移动；
- 没有完全从标志盘处急转，因此横向跑进这个网格的。

进阶：要求运动员开始围绕标志盘 X，以一个小圈步行开始练习。听到教练口令，他们必须跑起来。由于没有指定的传锋，一名运动员要主动要求担任传锋，所有其他运动员必须相互沟通，明确谁在哪条通道上。

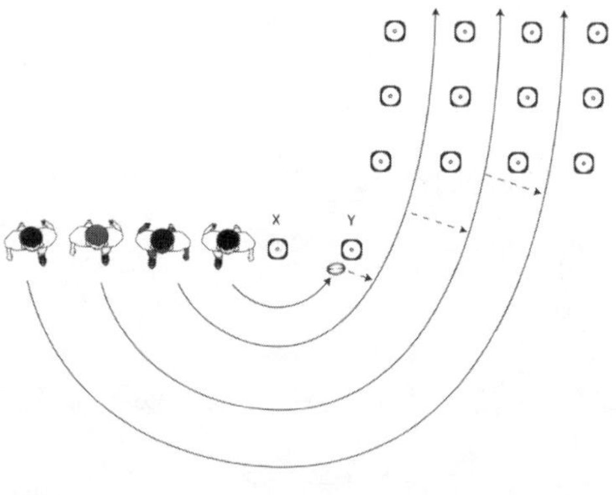

示例 31 混合技术

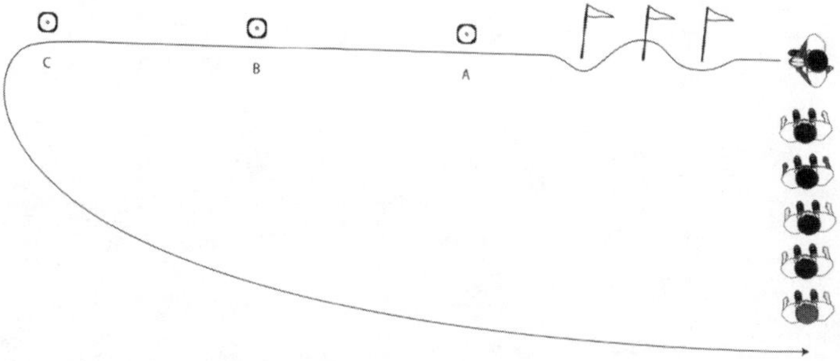

目的：介绍在竞争状态下多样的传球技术。

配备：每队配备 3 个间距 10 米的标志盘，3 个相距 2 米的角旗杆和一个球。

练习方法：运动员分为 5 人一队。每队开始训练的区域如图所示。听到教练口令，每队第一名运动员持球出发，交叉绕跑角旗杆。当持球人到达标志盘 A 时，他将球稳稳地放在地面上（好像达阵），跑到 B 点形成防守。第二名运动员直线拾球，在 B 点接触防守人。他数三个数字完成撞击、倒地（1= 撞击，2= 倒地，3= 向后放球）。第三名运动员拾球跑向 C 点，在这里他要模仿一次扑搂、俯身、护球，把球滚到自己背后然后传球给第四名运动员，第四名运动员再将球传给第五名运动员。然后他们回到起点。

指导要点：注意运动员涉及到的技术包括护球、看球，尽可能使用双手。时机至关重要——如果支援球员太早，这条线上会出现停滞，降低速度，所以他们必须略晚一点，从而增加球速和比赛的流畅性。

进阶：保持竞争——哪支队伍能够零失误完成三组？在一、二、三组训练中哪支队完成最快？压力很重要。

示例 32 变向1

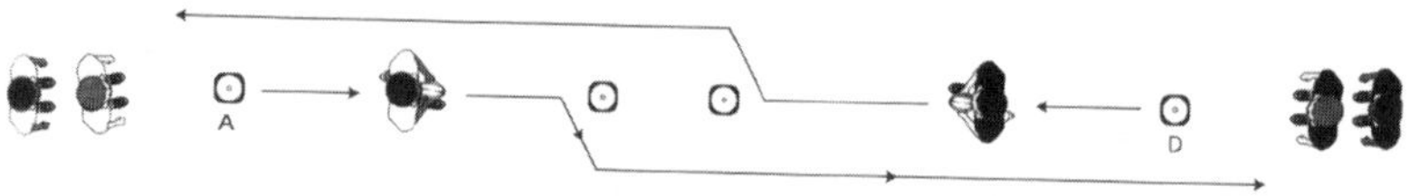

目的：介绍变向技巧。

配备：每队配备 4 个标志盘和 2 个球。

练习方法：每 6 名运动员分为一队。如图所示放置标志盘，中间两个标志盘间距 1 米。3 名运动员在 A 标志盘后成一条直线站立，另 3 名在 D 标志盘后成一条直线站立。听到教练口令，两边的第一名运动员相向跑动，他们到达中间的标志盘时，迅速变向到他们的右边，然后直立身体跑到对面队尾。所有运动员完成一次练习后，变向的方向变为左边。

指导要点：确保两名运动员直跑，通过使用正确的腿有力蹬离地面，向一个明确方向快速变向。鼓励运动员在脚向相反一侧变向之前，运用眼睛和头部将自己的意图‘卖’给一侧。正如其他训练一样，这才是成功变向的基础。注意控制身体直立时的平衡动作。

进阶：随着信心的增长，缩小中间两个标志盘的距离，增加速度。

示例 33 变向 2

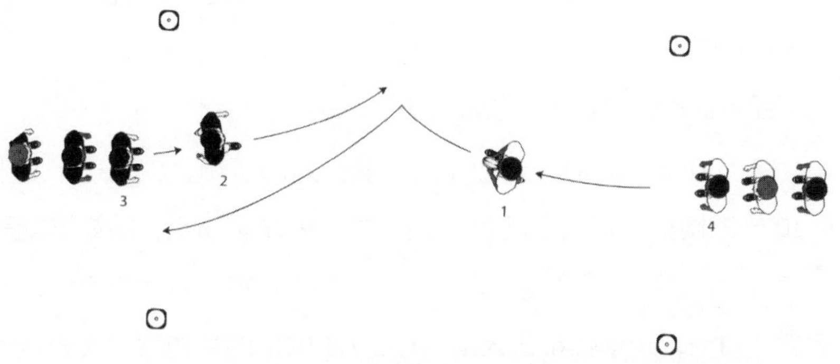

目的：发展变向技术。

配备：每队配备 4 个标志盘和 1 个球。

练习方法：如图所示放置标志盘，形成一个 5 米 ×10 米的长方形。运动员分为两队，每队 4 人。两队成一条直线相对站在两条边线上。听到教练口令，运动员 1 持球以弧形向右慢跑。吸引运动员 2 穿过网格，就在运动员 1 要接触到运动员 2 之前，迅速向左边变向，然后在网格的边线上传球给下一个进攻运动员 3，训练依次进行。

指导要点：运动员能够使用此训练体会变向之前，他们需要吸引防守运动员进入和超越的距离。他们能够运用肩“欺骗”对方，就是快速变向至右边之前，眼睛和头部移向左边，肩部略微倾斜至左边。你需要练习掌握完美的时机，并使防守人上当，这也能练习防守技巧，防守住进攻球员的内侧肩，迫使持球人变向到网格边——边线。

进阶：随着技术的发展，运动员应该逐渐增加速度。

示例 34 定人——二打一

目的：教授运动员如何控制一名防守人，为进攻队友创造空间；掌握传球时机。

配备：每队配备 4 个标志盘和 1 个球。

练习方法：运动员分为 4 人一队。如图所示，创建一个 5 米 ×10 米的网格。进攻运动员 A1 持球站在 W 标志盘，防守运动员运动员 D1 站在 Z 标志盘。A2 运动员站在 X 和 Y 标志盘之间。听到教练口令，运动员都进入网格中，A1 的目的是使防守人原地不动（“定”人）并传球给 A2，使 A2 到达网格边缘得分，防守人旨在扑搂或阻截传球。

指导要点：这是前面训练的进阶，所以持续学习很重要。进攻运动员必须直跑（或略微偏向防守运动员的内侧肩）。任何斜跑都会被防守运动员追踪到，并在网格边界耗尽进攻的空间。A2 必须掌握靠近 A1 的时机，确保他在接近全速时接球，直线向前跑。跑几次后，防守运动员可能变得聪明了，现在进攻运动员跑直线和“定”他们之前，他们略微跑出去一段距离，在防守运动员两侧创造空间。

进阶：引入一些竞争——A2 得分记为 3 分，A1 得分记为 1 分，成功防守扣除 5 分。

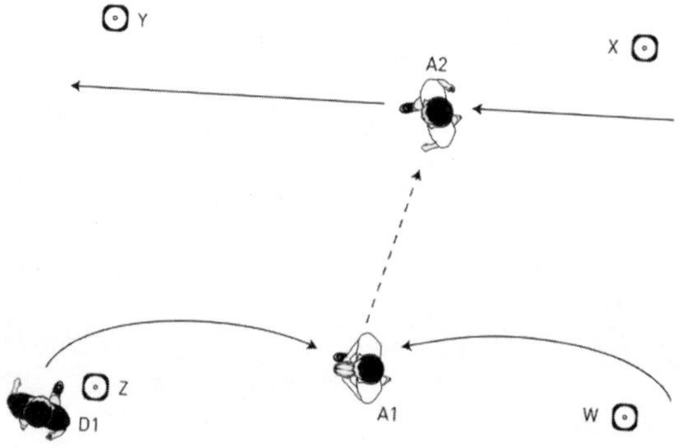

示例 35 抗传（扑搂中传球）

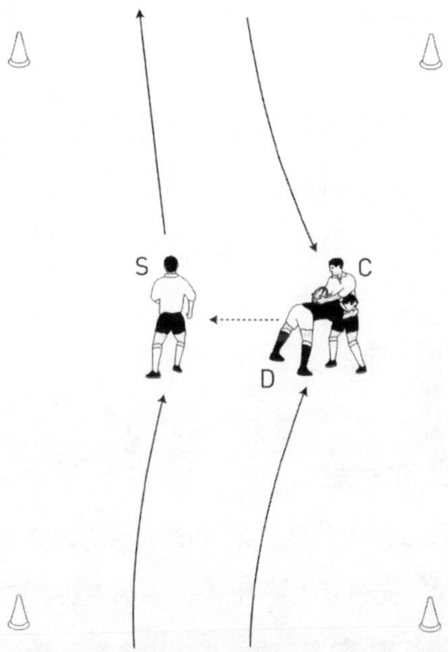

目的：介绍扑搂中传球给支援运动员所需的技巧。

配备：每队配备 4 个标志筒、1 个球和 1 个标签。

练习方法：运动员分为每组 3 人（持球人 =C，支援人 =S，防守人 =D），在每个运动员的大腿上贴上标签。如图所示，创建一个 5 米 ×10 米网格。团队中运动员一个在另一个背后成一条直线站立——C 和 S 运动员在一侧，D 运动员在另一侧。听到教练口令，C 运动员持球迅速地走到网格中央，同时 D 运动员向他移动。随着他接近 D 运动员，他略微向左使一侧被扑搂，随着 D 进入扑搂，C 穿过扑搂，将球传给跑到防守人左侧的 S 运动员。所有运动员完成训练后绕回起点，确保完成左、右两边的抗传。

指导要点：持球人体会到以一定角度跑向防守人的感觉，这点非常重要，以便他们能够空出足够的空间，进行抗传。支援人必须贴近扑搂进行跑动，正确掌握跑动时机。

进阶：随着技巧的发展，运动员应该逐渐增加速度。

示例 36 交叉移动（反向传球）

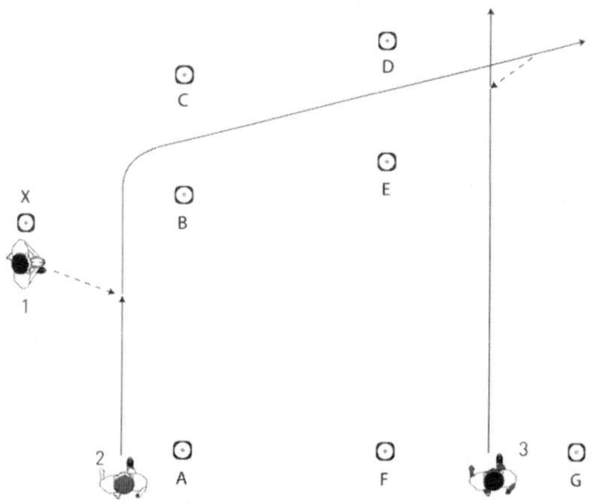

目的：发展交叉移动（反向传球）和练习吸引防守运动员离开防守位置。

配备：每队配备 8 个标志盘和 1 个球。

练习方法：

运动员分为每队 3 人。如图所示放置 8 个标志盘。运动员 1 持球站在 X 点，运动员 2 站在 A 标志盘左边，运动员 3 站在 F 标志盘右边。听到教练口令，运动员 2 跑出去接运动员 1 的传球，然后跑到 B 标志盘，从这个点切入由 B–C 和 D–E 标志盘形成的通道。运动员 3 向前直跑，并接到运动员 2 的内侧交叉传球。

指导要点：这个通道迫使运动员完成一次明确的路线变化，防止他们跑一个"懒惰"圆弧。这次跑动的目的是要吸引防守运动员离开他的位置——运动员 2 必须向前跑动，引发防守员的"兴趣"，然后改变方向，促使防守人去追他。反向或交叉传球为运动员 3 创造了空间。时机最重要——这种技术能使运动员体会到他们相隔多远传球；如果他们拥挤在一起会发生什么情况。

进阶：移除这些标志盘，看看跑动路线是否有所改变。最常见的影响是运动员立即斜跑，而不是准确的直跑然后再明确变向。

示例 37 交叉运动（反向传球）2

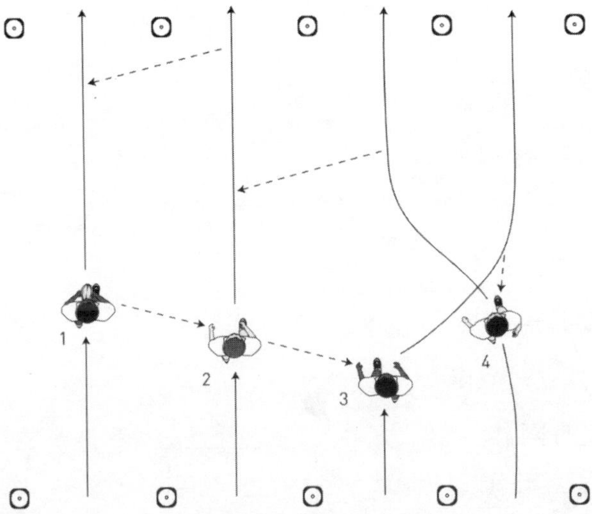

目的：发展交叉移动（反向传球）。

配备：每队配备 10 个标志盘和 1 个球。

练习方法：如图所示，将 10 个标志筒做成 8 个门。听到教练口令，运动员 1 跑出去，依次传球给运动员 2 和运动员 3。然后运动员 3 交叉跑，运动员 4 在运动员 3 内侧接到这个交叉传球。随后运动员 4 将球传回给运动员 2，运动员 2 将球传回给运动员 1。整个队伍跑过网格远侧的门。改变位置，重复训练。

指导要点：密切注意运动员 4 接球的时机，因为如果有趋势被预计到移动，运动员不得不减速接球。

进阶：一旦运动员熟练掌握这种技巧，在回传过程中要求他们完成一次交叉移动——运动员 4 传给运动员 2，运动员 2 交叉传球给运动员 1，运动员 1 接球。

示例 38 外套传球

目的：介绍外套传球。

配备：每队配备4个标志盘和1个球。

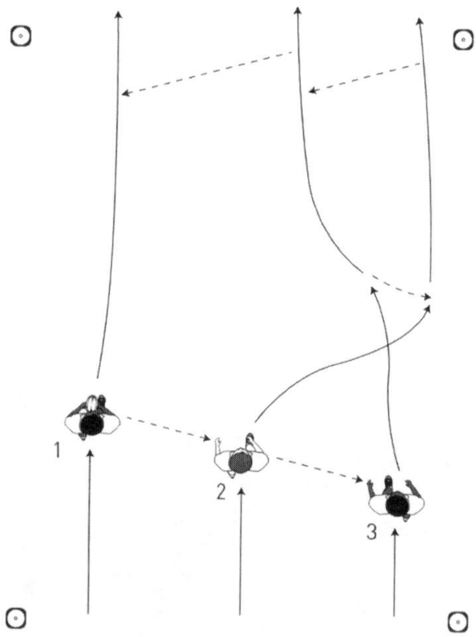

练习方法：如图所示放置这4个标志盘，建立一个5米×8米的网格。运动员分为每队3人，要求他们站成一条进攻线，在网格左边的运动员1持球。运动员1跑起来传球给运动员2，运动员2传球给运动员3。现在运动员2选取一条捷径跑到运动员3的右后方接球。所有运动员跑步穿过网格的底线。

指导要点：运动员能够准确地完成时，这种看似简单的技巧是非常难以防守的，教练持续地监视平稳的阵列，这点很重要。

· 运动员3必须跑直线，定住防守运动员；

· 运动员2必须跑到紧靠运动员3的角落，然后直线向前，不要以一个角度斜跑出去接球。

进阶：引入第四名运动员加入进攻线，运动员2被强迫不要斜跑，否则他将挤占运动员4的空间。

第五章

接触技巧

第五章　接触技巧

橄榄球运动中的关键是保有球权，因此要充满信心、力量和控制能力去争夺球权并摆脱防守者。本章的训练介绍了一套持撞包人的角色、撞包的安全用法和基本的对抗技巧，同时也介绍了一些简单的方法，有助于运动员理解扑搂状态和支援状态下的越位规则。扑搂技巧将在第八章扑搂和防守中讲授。

年轻的和没有经验的运动员面对扑搂时，会出现慌张的状态，抗传球被防守队获得，或者被扑搂倒地时持球不放。

黄金定律

1. 持球人被扑搂倒地时， 持球人必须立即放球。在扑搂中持球不放，将会犯规并使对手获益。

2. 进攻运动员的目的在于被扑搂后仍保有球权，并继续下一波的进攻。

3. 为了支援的队友能顺利得到球，被扑搂的运动员应该努力将球放在身后——如果有必要，他们倒地背朝达阵线，或者一旦倒地就滚动，使用他们的身体保护球远离防守方。

4. 扑搂人或者任何其他防守运动员进入扑搂区域，在他们试图玩球之前必须是双脚站立。他们必须从自己这一侧即从防守运动员脚后接近球。他们不能从侧面加入——这是一种越位，并将导致犯规。

青少年运动员不仅需要学习在对抗中如何使用他们的身体，继续组织进攻，而且需要发展比赛中的决策技能，思考何时采用这几种不同的选择。这需要时间和练习。随着信心和控制能力的提高，慢慢地增加训练的复杂性，这是非常重要的。

无论什么情况下，尽可能匹配运动员的体格，不使体格小的运动员压力过大，为每个运动员提供体验成功的机会。

威尔士队的最后卫詹姆斯·胡克展示出力量和控制能力，摆脱新西兰队亚当·汤姆森的扑搂，找人传球。

示例 39 使用撞包 1

目的：发展安全有效的使用撞包的技巧。

配备：每 4~6 名运动员配备 2 个撞包。

练习方法：运动员把左手臂伸入撞包的两个环中，右手支撑撞包的底部。左肩支撑撞包，准备接触（惯用手为左手的运动员同样适用）。持撞包运动员宽站姿侧向撞包，以便重心落在左脚上方。教练可以摇晃 / 推持撞包的运动员，测试他们的稳定性。运动员持撞包面对面站立，尝试将对方向后推。交换持撞包运动员，直到每一位球员都练习过一次，重复训练。

指导要点：强调脚的位置，向撞包倾斜。持撞包运动员必须认识到他们扮演的角色很重要。他们必须提供一个坚实的平台来对抗另一名运动员的冲击。除非有其他的指示，撞包必须一直保持垂直。持撞包运动员必须吸收所有撞击，不能有攻击性。

进阶：使用撞包时，要求运动员改变手臂和身体位置。

示例 40 使用撞包 2

目的：发展安全有效的使用撞包的技巧。

配备：每 2 名运动员配备 1 个撞包。

练习方法：如前练习中所述，运动员 1 持撞包站立，准备接触，运动员 2 在撞包 2 米处单膝跪地。听到教练口令，运动员 2 站起来冲向撞包，并试图将它向后推 1 米。数到 3 后停止推进。持撞包运动员必须提供很好的阻力，努力撑住地面。轮换运动员，使得他们都有机会使用撞包，也能作为推进运动员。

指导要点：通过将运动员 2 安排在撞包近处，使得推进运动员的冲击动量相对减小——这对运动员获得信心非常重要。保持良好的身体姿态——他们必须负载住持球运动员对撞包的全力冲击。持撞包运动员必须吸收所有撞击，不能有攻击性。运动员 2 一定要用肩部接触，用双臂缠抱撞包。

进阶：交换接触的肩部。

示例 41 持球接触

目的：发展持球人正确的接触技巧。

配备：每 2 名运动员配备 1 个撞包和 1 个球。

练习方法：如前练习中所述，运动员 1 持撞包站立，准备进行接触。运动员 2 持球站在离撞包 2 米处。听到教练口令，运动员 2 走向撞包，使球远离撞包。如果使用左肩对抗，球应该放在右手下方，但是左边也提供保护，反之亦然。运动员 1 必须提供足够的阻力，并努力撑住地面。

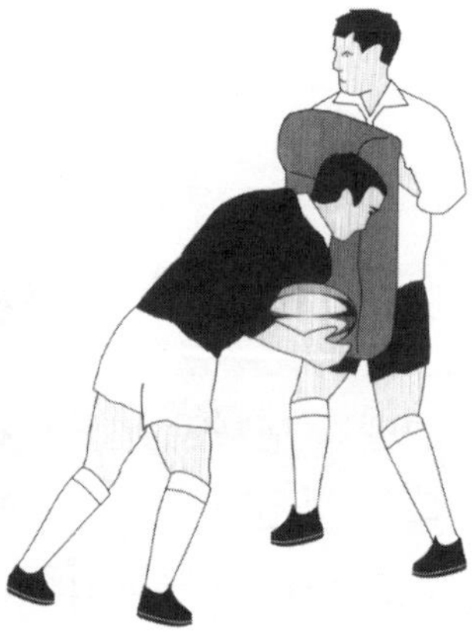

指导要点：持球人必须双手拿球，贴近身体。强调正确的身体姿势——要点如下：

· 球远离撞包；

· 抬头——撞击撞包上一点；

· 用肩部撞；

· 臀部低于接触点，向上和向前推进，不要向下；

· 用小碎步。

运动员喊“1、2、3”推进。目标是每次口令向前推进两小步。这种喊声有助于增加能量，并控制训练的攻击性。轮换运动员，使他们都能获得使用撞包的机会，也能成为进攻运动员。

进阶：随着竞争的增加，提高持球人的速度，但是不允许持球人跑过三步进入撞包。改变对抗的肩部。

示例 42 持球接触和支援运动员 1

目的：发展持球人正确的接触技巧。

配备：每 3 名运动员配备 1 个撞包和 1 个球。

练习方法：正如示例 41 所述练习方法，运动员 1 持撞包站立，准备上前接触，运动员 2 持球站在离撞包 2 米处。听到教练口令，运动员 2 走向撞包，保持球远离撞包。运动员 1 必须提供足够的阻力，努力撑住地面。运动员 3 扮演支援队友的角色——运动员 2 进入对抗时，运动员 3 随后进入保护球。轮换运动员，使他们都有手持撞包的机会，也能成为进攻运动员和支援运动员。

指导要点：持球人必须双手拿球，贴近身体。运动员 3 必须看清运动员 2 接触撞包的方向——如果运动员 2 用左肩，那么运动员 3 应该用右肩进入，从一侧保护球。这听起来复杂，但是对于运动员 3 来说，这是一种有效保护球的方法。如果他使用错误的肩进入，那么他和运动员 2 的后背部无法形成配合，使得所有人都能看到球。

进阶：随着竞争的增加，提高持球人的速度，但是进入撞包时，持球人不允许跑过三步。持撞包人必须提供一个坚实的基座，吸收冲击力，但是不能有进攻性。

示例 43 持球接触和支援运动员 2

目的：提高持球人和支援人的对抗技巧；介绍支援人进入对抗时会出现的越位概念。

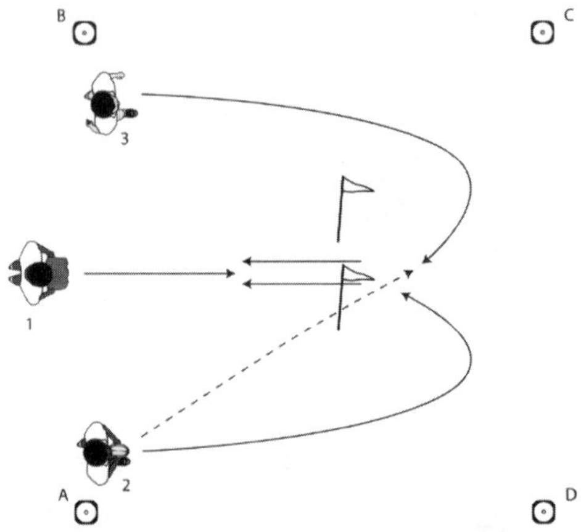

配备：每 3 名运动员配备 1 个撞包、1 个球、2 个角旗和 4 个标志盘。

练习方法：如图所示放置 4 个标志盘（A、B、C、D)，创建一个 3 米 ×4 米的网格，2 个角旗在场内相距 1 米形成一个“门”。运动员 1 持撞包站在 A 和 B 点之间，准备进入对抗。运动员 2（持球）和运动员 3 站在运动员 1 的两侧，所有运动员面向网格的相同方向。运动员 2 将球从两旗之间滚出去，穿越门与撞包对抗之前，运动员 3 跑出去拾球。运动员 2 跑出去扮演支援运动员的角色。两名运动员必须从旗外侧跑动，穿过门再次回来。持撞包运动员必须保持足够的阻力，并努力撑住地面。

指导要点：确保球在网格范围内滚动，因此能限制持球人跑到撞包的距离。支援人必须穿过门回来，确保他们从不越位的位置加入对抗（在一个冒尔和拉克的后面，门的概念通常是裁判使用的，用以提示运动员加入的位置）。确保支援人和持球人夹扎在一起，在冲击中保护好球。

示例 44 接触中保护球

目的：使运动员习惯于在接触和倒地时保有球权。

配备：每组配备 2 个标志筒、1 个撞包和 1 个球。

练习方法：每队可分为 3、4、5 名运动员。两个标志筒间距 3 米。一名运动员拿一个撞包站在 B 点，其余运动员成一条直线站在 A 点。听到教练口令，第一名运动员向撞包前进，并大声数数："1"（撞向撞包），"2"（倒在地面保护球），"3"（双手控制把球向后放）。然后该运动员持球回到队伍，传球给下一位运动员，重复训练。

指导要点：对抗必须是坚定、积极、有力的。持撞包的运动员必须扮演一个稳定基座。运动员接触撞包，球必须远离撞包并且不能碰撞包。运动员倒地直到完全控制球时，球才能触地。

进阶：队伍的训练会有所发展，第二名运动员跑出时，听到"3"的口令，拾起球绕着撞包回到队伍，传球给下一名运动员，继续训练。

示例 45 接触技巧

目的：在可控的接触环境中，增加对抗性练习。

配备：无。

练习方法：两名运动员面朝地面，相对趴着。听到教练口令，运动员站起来，并阻止对手站起来。他们能够使用橄榄球规则内的任何手段。

指导要点：通过每对中不断出现获胜者，让他们重新配对，发展成一种比赛，直到“总冠军”的出现。

进阶：对于年长 / 更强壮运动员，他们头对头面向对方从俯卧撑开始，上述规则同样适用，也可以增加拉手臂等。

新西兰队的伊萨亚·托伊瓦对英格兰队的肖恩泰纳·汉普做出一个阻止其达阵的扑搂。

示例 46 撞击时保有球

目的： 做拉克时发展正确的技巧。

配备： 每3名运动员配备1个撞包、1个球和4个标志盘。

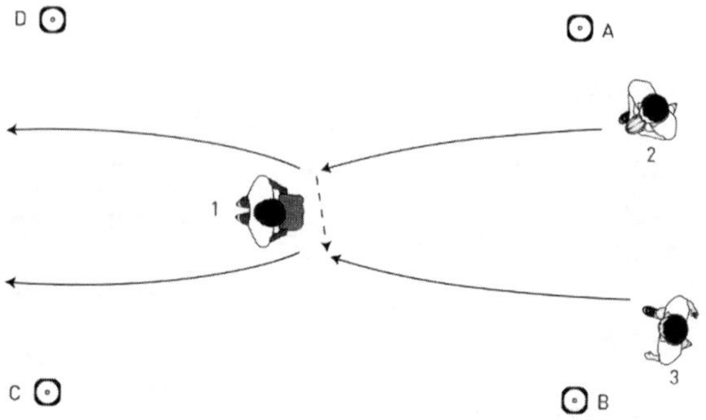

练习方法： 如图所示放置这4个标志盘（A、B、C、D），建立一个3米 ×4米的网格。运动员1持撞包站在网格中央，准备进入对抗。运动员2和运动员3站在A标志盘和B标志盘之间的网线边缘，球正好在他们前方的地面上。听到教练口令，运动员2拾球向撞包前进，然后撞向它，尽可能使它向后退1米。对抗后运动员2倒地并保证球的安全，将球沿着地面推出一只手臂的长度，使得运动员3能拿到球，跑向远处的标志盘（C和D），这时运动员2也加入。球被再次放在地面上，训练由运动员3持球重新开始。保持运动员的轮换，以便他们在不同位置都能获得训练机会。

指导要点： 持球人必须背对撞包倒地。这种程序化动作必须要有一个明确的结构，通过运动员慢走完成练习，在每个阶段应用一个关键词，例如“撞、推进、倒地、球”，你就会发现阐明这些是非常有帮助的。年轻运动员通常猛然倒地并立刻放球。鼓励运动员全程注重保有球。表扬那些把球放回去之前，没有让它触地的运动员。运动员可以喊出“撞、推进、倒地、球”，以集中注意力。

示例 47 清人

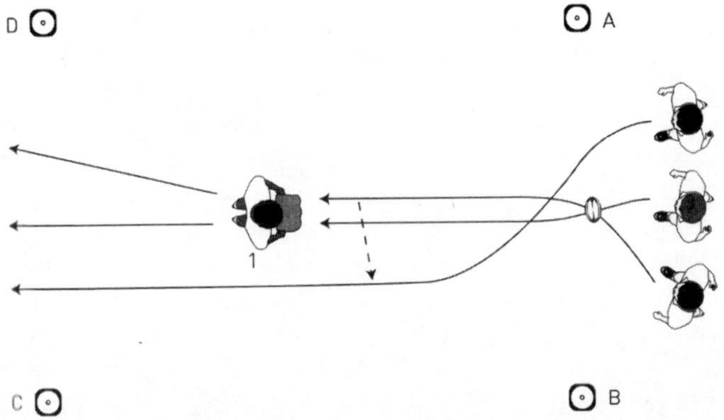

目的：发展扑搂情况下清人的正确技能。

配备：每 4 名运动员配备 1 个撞包、1 个球和 4 个标志盘。

练习方法：如图所示放置这 4 个标志盘，创建一个 3 米 ×5 米的网格。运动员 1 持撞包站在网格的中央，准备进行接触。运动员 2、3、4 站在标志盘 A 和 B 之间的网格边缘，球在他们正前方的地上。听到教练口令，运动员 2 拿球并撞向撞包，试图把持包人向后推 1 米。正如前所述，运动员 2 接触后倒地，保证球的安全。运动员 3 向运动员 2 靠近，冲进撞包并清人。球被推回给即将到来的运动员 4，他拿球通过远方的标志盘（C 和 D）。球被再次放在地上，运动员 3 持球重复练习。保持运动员的轮换，使得他们都有机会练习不同的位置。

指导要点：时机最重要。如果运动员 3 到的太晚会丢球；运动员 2 直到运动员 3 有撞击的目标才倒地。运动员 2 和运动员 3 必须快速地从接触中离开，支援运动员 4。

示例 48 争地上球

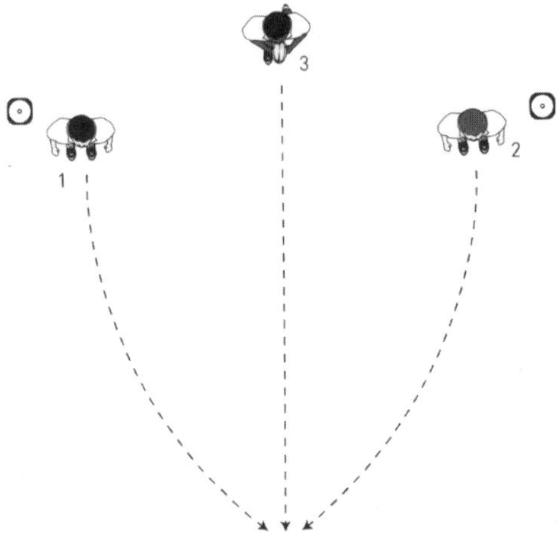

目的：发展争抢地面上不规则滚动的球。

配备：每 3 名运动员配备 2 个标志盘和 1 个球。

练习方法：两个标志盘间距 1 米，运动员 1 和运动员 2 位于两个标志盘内侧。运动员 3 持球。听到教练口令，运动员 3 把球滚到两名运动员中间（不能超过 3 米）。球一接触地面，运动员 1 和运动员 2 比赛抢球。假设运动员 1 和运动员 2 朝箭头方向跑动，这有助于认清倒地方向。每名运动员尝试用背部倒向箭头方向。

指导要点：无论如何，尽可能匹配相似体格的运动员。鼓励运动员努力扑球，将他们的身体置于对手和球的中间位置。比赛中他们运用这种方法将球传给即将支援的队友。球速和控制性的进攻才是成功的关键，比赛中不允许规则之外的任何多余的地面摔跤动作。第二个到达的运动员不允许扑向持球人，但是只要他保持站立姿势，就能抢球。

示例 49 比赛状态下的清人

目的：模仿扑搂状态下清人。

配备：每 8 名运动员配备 4 个撞包、1 个球、4 个角旗和 4 个标志盘。

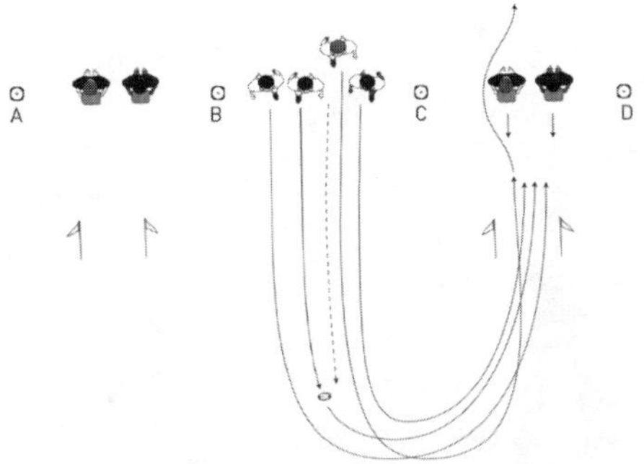

练习方法：在一条直线上间距 2 米放置这 4 个标志盘（A、B、C、D），4 名运动员持撞包，他们两人一组站在 A/B 和 C/D 之间，每组正前方 1 米处由两个相距 1 米的角旗组成一个“在位门”。余下的运动员 1 至 4 站在 B 和 C 之间。球被滚出去（不超过 4 米），运动员 1 转身拾球通过门并撞向一组撞包（由他选择），像之前一样倒地放球。就在球被滚出时，持撞包运动员向前跨一步，正好在门的后面。运动员 2 和运动员 3 一起夹扎，将防守人清开。运动员 4 继续保护球，跑过这个标志盘，继而完成练习。允许充足的休息，保持轮换运动员。

指导要点：练习开始之前，对持撞包运动员和推进 / 清人运动员强调关键点。持撞包人必须提供足够的阻力，在冲击中努力撑住地面。持球运动员必须背对撞包倒地。增加速度之前，每个团队都能以慢走的形式完美完成这一练习形式。在清人时，到达的时机至关重要。太早没有动量，太晚则会丢球。

进阶：进攻运动员竞争能力增强，就给他们更多自由。沟通非常关键——一个运动员必须要球，支援运动员也要说话，所有人知道在这个练习中自己的角色。

示例 50 地面上抢球——团队技巧

目的：发展对地面上不规则球的团队争抢技巧。

配备：每 6 名运动员 1 个球。

练习方法：运动员分为两队，每队 3 人。两队互相对抗。两队各自排成一条直线，间距 1 米，面向相同的方向（好像列队争球）。教练持球面向两队站立（不能超过 3 米）。教练向上直线抛球到头顶高度，球一落地，两队竞争抢球。

指导要点：无论如何，尽可能匹配运动员的体格。鼓励运动员坚决倒地扑球，保护球的安全，把身体置于对手和球之间。这种方法可以传球给即将支援的队友。球速和控制性的进攻才是成功的关键，但是比赛中不允许规则之外的任何多余的地面摔跤动作。第二个到达的运动员不允许扑向持球人，但是只要他保持站立姿势，就能争抢球。地上的运动员可以传球给没有被扑搂的支援运动员，也可以把球滚回去。

示例 51 扑搂中清人——进阶

目的：在扑搂情况下提升清人能力。

配备：每 14 名运动员配备 6 个撞包和 1 个球。

练习方法：如图所示，6 名运动员持撞包，在一条梯形线上两人一组紧靠在一起，每组间距小于 5 米。进攻人 (运动员 1~8) 站在第一对防守人前面 3 米处。教练把球抛到进攻运动员前面，运动员 1 拾起球冲进第一组撞包。训练程序如下所示：

· 运动员 2 和运动员 3 前去清人；

· 运动员 4 好像起到传锋的作用，将球传给即将冲入第二组撞包的运动员 5；

· 运动员 6 和运动员 7 清人；

· 运动员 8 好像起到传锋的作用，传给从前面对抗中返回的队友，继续训练直到最后一组撞包。

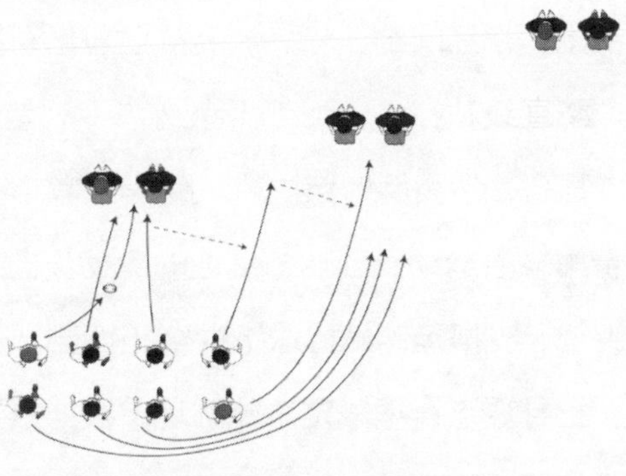

允许充分休息和保持运动员轮换。

指导要点：这种训练要求所有运动员对所涉及的技巧有很好的认识，直到非常清楚地掌握了前面的练习才能介绍此训练。运动员开始用慢走的方式训练，继而慢慢地增加速度。强调对抗后运动员需要快速地返回支援处理球。沟通是训练成功的关键，所以运动员必须保持良好的沟通。时机至关重要，特别是对于从传锋手中接球的运动员。

示例 52 扑搂中的挑传球

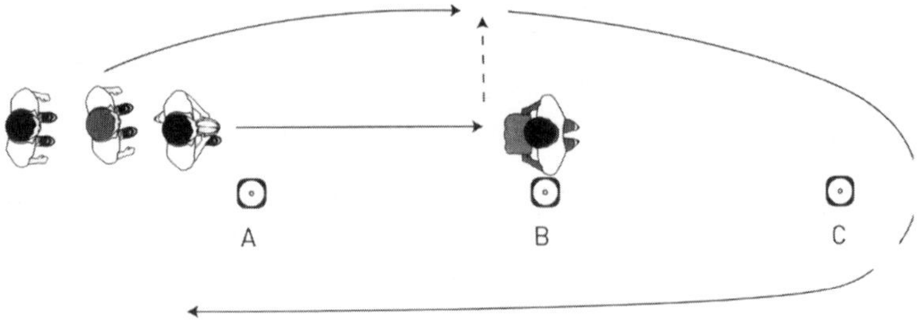

目的：介绍地面上被扑搂运动员挑传球所需的技巧。

配备：每队配备 3 个标志盘、1 个撞包和 1 个球。

练习方法：运动员分为每队 3、4 或 5 人。标志盘放置于一条直线上，相互间距 3 米。一名持撞包运动员站在 B 点，余下运动员成一条直线站在 A 点。听到教练口令，第一名运动员持球向前跑，冲向撞包，然后倒地保护球。倒地时第二名运动员向前跑去支援他。随着第二名运动员到达，倒地的运动员向后传球到这名支援运动员的腹部。支援运动员持球绕过 C 点回到队伍，重复训练。

指导要点：球一定不能触地。被扑搂运动员保护球不受影响，为了能够看到即将支援的队友、传球，他必须用侧面、肩部或背部着地。强调传球时必须细心，并能准确地传到腹部。无论如何不能是一个很硬的传球。支援人必须控制跑动的时机，以最大速度到达传球点，并继续跑到下一个标志盘。

进阶：技巧进步后，两名运动员可以作为支援——一个接倒地传球，另一个接第二次传球。

示例 53 争抢持球

目的：使青少年运动员习惯公平激烈的争抢持球。

配备：每对运动员配备一个球。

练习方法：运动员分为两人一组，尽可能地匹配他们的体格。这些组分布于整个教学区域，其中一个持球。听到教练口令，另一名运动员尝试用摔跤方式把球从对手的控制中夺过来。控制摔跤的时间，先从 10 秒开始，可以增加时间，但是不允许争抢太久。

指导要点：持球人可以弯腰将球藏在腹部。他也能摆脱扑搂人，可以猛力保护球。在严格控制的前提下，身体晃动、推挤甚至上下跳都是允许的。在橄榄球规则的范围内，扑搂人能够使用任何有效的手段赢得球。不允许打击，一个有用的窍门是推动运动员的身体和球之间的一条手臂上下移动。

进阶：运动员习惯这种训练后，鼓励他们同时互相推对方。扑搂人即使不会赢球，也能为了夺球而争斗同时获得地盘。

第六章

界外球

第六章　争边球

争边球是当球被踢到界外时，从界外投球进比赛区域重新开始比赛的形式。这个重要的定位球包含沟通、准确地投球给目标队友、在跳跃过程中重新得到球的力量和控制力、保护球不被对手夺去的能力、充满信心把球交给传锋、继续进攻。

本章训练着眼于争边球上投球和接球的基本技巧，重点在于精确性，提高球员的自信心。这些练习过程是介绍界外球后进攻的发展以及防御状态下的争边球。随着自信心的增长和理解的发展，着眼于全程建立起良好的技巧。

训练要点

1. 介绍橄榄球运动时，所有运动员要练习投球和跳跃技巧——不仅仅是需要准确投球的勾球手或必须跳跃的前锋。

2. 获得最佳的跳跃时机。运动员应该保持良好的身体姿势，膝关节和手臂微屈，等待被投出的球。为了产生跳跃爆发力，双臂的使用和从膝部获得驱动力很重要。

3. 投球人应该寻找投球路线的最高点与跳手跳跃的最高点相结合的点——不仅仅是投给运动员。运动员的目的是在最高点接住球。

4. 鼓励运动员集中注意力于球缝，旨在抓住球缝——这有助于青少年运动员即使在激动时也能集中注意力于球。要求运动员抓住球的哪部分能够帮助他们做到这点。

5. 两条线之间有 1 米的间距，运动员落地之前不能有接触。

记住，为了安全考虑，争边球过程中青少年运动员（16 岁以下）跳跃时不需要支撑或举起。

英格兰队的汤姆·克罗夫特在与澳大利亚队的罗基·埃尔瑟姆争夺过程中夺得界外球。

示例 54 抛接界外球

目的：介绍头顶上方接界外球的技巧。

配备：每5名运动员配备4个标志筒和1个球。

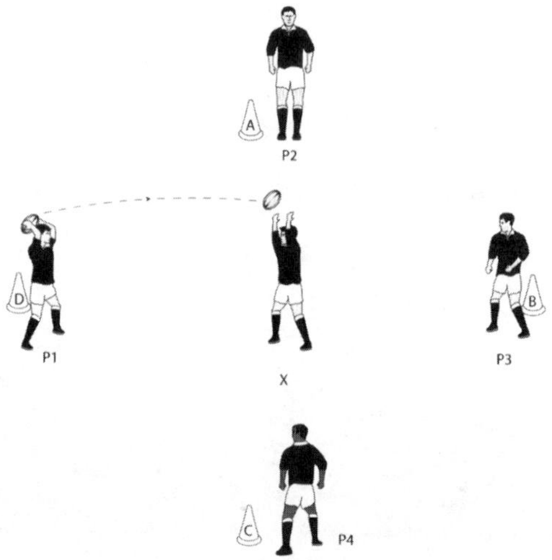

练习方法：如图所示把4个标志筒放置成菱形，外部标志盘距离中间标志筒5米。运动员1~4站在标志筒A至D上，接球人(X)站在中间。接球人呈手臂放在头顶的站姿，运动员1尝试使用足球中掷界外球方式，把球扔到接球人的双手，然后接球人依次传给下一名投球人，围绕这个菱形重复进行练习。随后接球人与投球人交换位置，重复训练直到所有人都接过球。

指导要点：接球人站立时双手间距6~8英寸（约合15~20厘米），双手掌大约成45度形成一个漏斗状。重点在于放松双手——不要死死抓住球不放。投球人应该尝试双手在球的最宽处持球或者一手在最宽处一手在球的尾部。

进阶：一接到球，运动员转向左边，把球拉到他的腰部，快速地俯身把球隐藏起来。起初按照这种顺序慢慢地尝试，随着技巧的熟练，要求他们在一次连贯动作中转向并俯身。

示例 55 跳跃接球

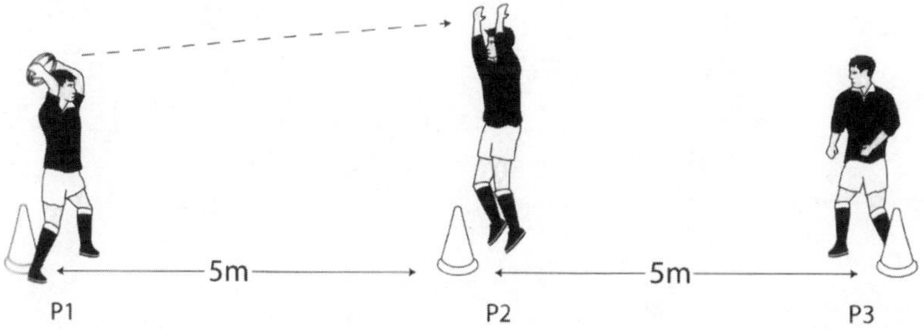

目的：发展跳跃接球技巧。

配备：每 3 名运动员配备 1 个球和 3 个标志筒。

练习方法：在一条直线上放置这 3 个标志筒，间距 5 米。每个标志筒上站一名运动员。运动员 1 掷向略微抬高手臂的运动员 2，这次投球的目标在于运动员 2 手上方，使得运动员 2 必须跳起来接球。如果球穿过运动员 2，运动员 3 必须接住它，然后交换投球的顺序。

指导要点：运动员必须保持良好的身体姿势，腿和手臂略微弯曲。时机至关重要，球在空中，才应该起跳。当他们接到球时，运动员必须着地后俯身成保护球的姿势。轮换运动员，以便他们在每个位置都有一次练习的机会。

进阶：随着专业跳手的出现，要求投球人测试跳手所能够达到的高度。首要的技术是能在跳跃的最高点接住球，使用双手和手腕把球点给传锋。这种技术在青少年运动员很罕见。随着时间、年龄和经验而增长，在这方面需要仔细循序渐进。

示例 56 模仿争边球的最高点

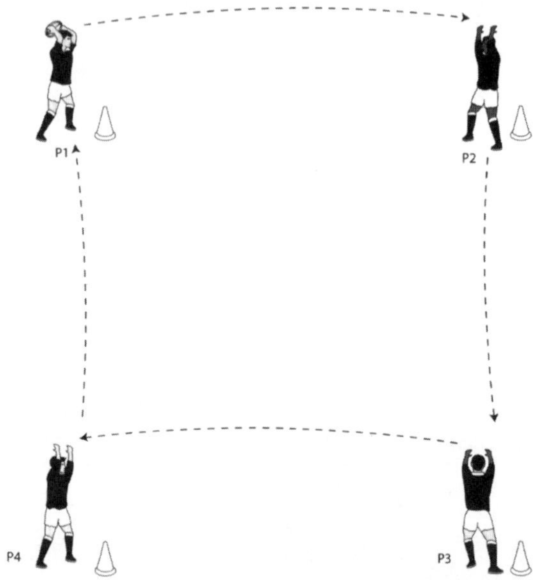

目的：发展争边球中传球给传锋的技术。

配备：每 4 名运动员配备 1 个球和 4 个标志筒。

练习方法：在一个正方形中放置 4 个标志筒，每个标志筒站一名运动员。运动员 1 好像掷界外球一样传球给运动员 2。运动员 2 接球后，他仍然将球放在头顶并传给运动员 3，运动员 3 转向将球传给运动员 4，运动员 4 转向传球给运动员 1。在正方形上重复训练。

指导要点：对于青少年运动员来说，这是一种具有难度的技巧。强调传球前略微地转向。头顶传球的目标应该在目标运动员举起的手上。传球在飞行过程中不可避免下落，把握好接球的机会。如果球下落到接球人的腰部，接球人要俯身接球。

进阶：接球人俯身保护好球，然后传球给传锋。

示例 57 从争边球到冒尔

目的：发展争边球拿球后一系列保护球的技巧。

配备：每 4 名运动员配备 1 个球和 2 个标志盘。

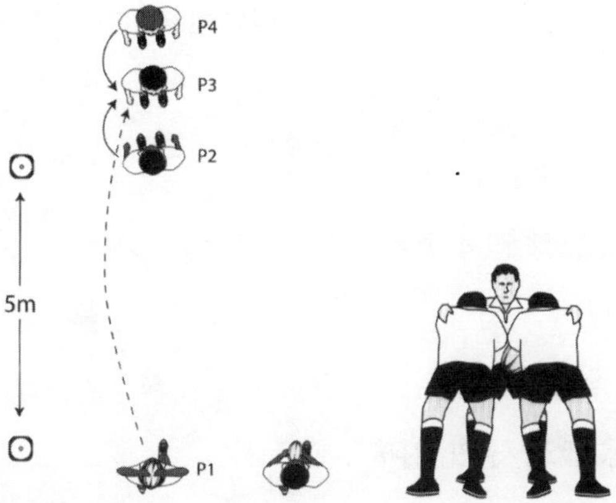

练习方法：

如图所示安排运动员。争边球的队伍中每名运动员相距一只手臂的长度。运动员 1 向运动员 3（举起手臂）投球。运动员 3 把球拉到腰部，并马上俯身，然后运动员 2 和运动员 4 移动并夹扎在运动员 3(运动员 2 用右臂，运动员 4 用左臂）的腰部。完成后，运动员 2、3 和 4 形成一个“V”字型。

指导要点：测量他们之间的距离，通过与前面运动员保持一只手臂的距离可以防止过于拥挤。投球时运动员 2 和运动员 4 必须面向运动员 3。一旦接触，运动员 2 和运动员 4 的头必须处于运动员 3 的腰部位置。强调稳定的宽距站姿，脚趾向前，膝弯曲，下巴上抬，背挺直，眼睛向上保持睁开。夹扎必须紧靠在一起，球不能被看到。轮换运动员，以便他们在每个位置都有一次练习机会。

进阶：增加两名持撞包运动员扮演对抗冒尔向前推进的角色。运动员 1（投球人）投球后马上跟上，从冒尔后面拿球。

示例 58 五人争边球

目的：发展更多运动员参与争边球。

配备：每队配备 1 个球和 4 个标志盘。

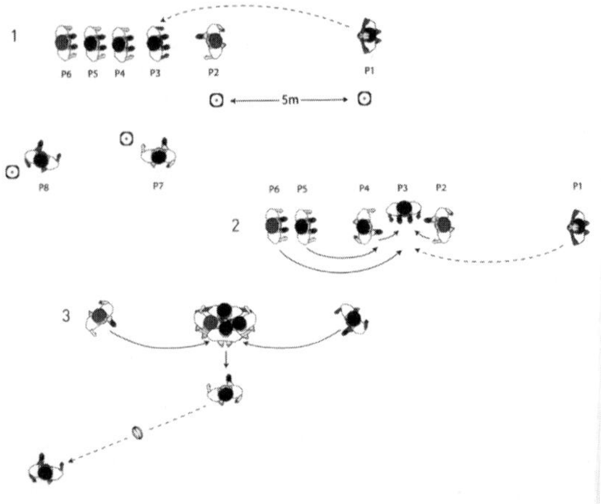

练习方法：争边球运动员如图所示站立。运动员 1 持球距队列前 5 米。运动员 7 作为传锋与队列相距 2 米。运动员 8 站在作为接锋站在距队列 10 米处。运动员 1 投球给运动员 3，运动员 3 俯身保护好球。运动员 2 和运动员 4 立即移动夹扎成“V”型。运动员 5 进入拿球，并用一只胳膊绑扎在一起，处于有利于向前推进的位置（这被称为“扣球”）。运动员 1 和运动员 6 上前夹扎在两名就位的队友（运动员 2 和运动员 4），完成冒尔。运动员 7（传锋）跑到“V 型”后面拿球，然后传球给运动员 8。重复练习 3~4 次，然后轮换运动员。

指导要点：首先记住这是一种复杂的程序，需要慢慢学习，然后再加速。强调宽站距站好位置，脚趾指向前方，膝弯曲，下巴抬起，背打直，眼睛向上保持张开。强调全过程做好紧密的夹扎，保持好的推动位置。

进阶：后排的一名运动员可以从夹扎的手臂中寻找空隙，把球从接球手手中拿过来，向后传给运动员 8。

示例 59 防守争边球 1

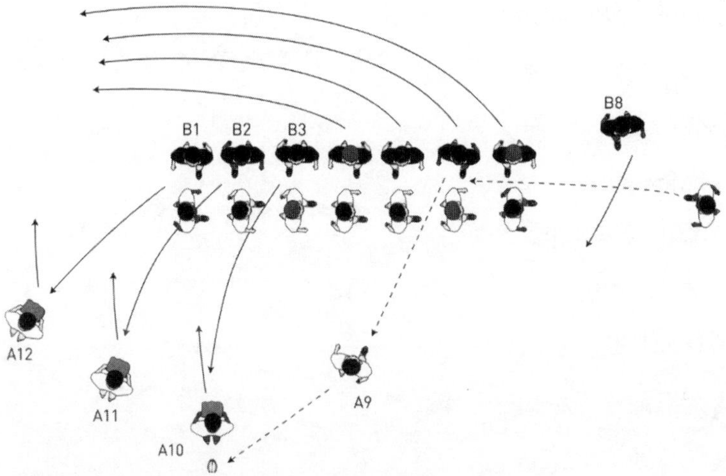

目的：发展与防守争边球有关的技巧和练习。

配备：1 个球，3 个撞包和 3 个标志盘。

练习方法：运动员分为几队，每队包含两组前锋（一边 6~8 名运动员）和三名持撞包的后锋运动员（在进攻侧）。争边球没有竞争，进攻方拿到球。球被传给传锋（进攻人 A9），他假装向后传球，好像球继续进攻。训练继续，好像进攻后锋拥有球权，球被传给前进中的 A10、A11 和 A12，他们好像持球进攻一样。后面三名防守前锋的防守人 B1、B2、B3 离开争边球队列，以防守队形向撞包进攻。防守的勾球锋（B8）逼近争边球的前方，阻止传锋可能会组织的打小边移动战术。其余发现球已经转移的防守前锋去支援。每组前锋都有一次训练。

指导要点：球从争边球中传给了传锋，防守运动员才能离开争边球。需要组织、分配防守的角色给三名后面的防守运动员，避免这三人都跑到同一个撞包。

示例 60 防守争边球 2

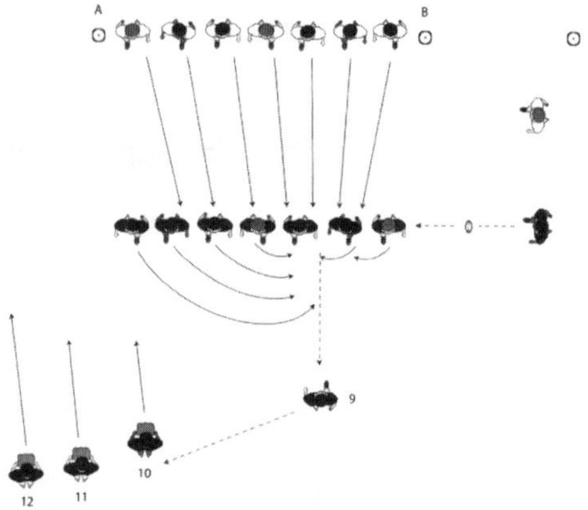

目的：使运动员适应防守争边球中所需的技巧。

配备：1个球，3个撞包和4个标志盘。

练习方法：运动员分为几队，每队包含两组前锋（一边6~8名运动员），一名传锋和三名后锋运动员（在进攻侧）。争边球运动员必须站在间距1.5米的标志盘A和B之间。争边球没有竞争，进攻方拿到球。进攻方拿到球后运动员立即夹扎在球的周围，形成一次冒尔保护球，防守方开始防守。这个阶段不能推。球被扣给传锋（P9），P9假装传给P10，好像球继续进攻。训练继续，好像进攻后锋拥有球权，球被传给前进中的P11和P12，他们好像持球进攻一样。一个或更多防守前锋必须夹扎在冒尔这一侧，观察对面发生的情况。球被P9传出时，第一名防守运动员离开冒尔这一侧，直接奔向中场，意图在P10和P12之间做一次扑搂，破坏他们的进攻线。

指导要点：越位规则必须注意，他们必须保持在冒尔里正确的绑夹，否则他们必须处于冒尔里最后一只脚的后面。

进阶：慢慢地练习，逐渐地增加速度。从无竞争的争边球开始，逐渐地允许进攻方赢得球，并用力向前推。

示例 61 踢球员越位位置

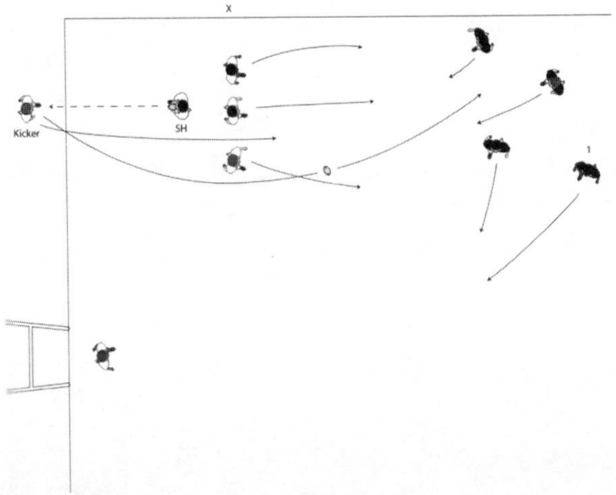

目的：强调踢球运动员前方运动员越位的管理规则，练习进攻和防守阵型。

配备：8~10 名运动员配备一些球。

练习方法：在 X 设置 3 或 4 名运动员和传锋一起争边球，还有边锋或最后卫（踢球运动员）。其他运动员在离边线 20 米处形成一个接球组站好。球从争边球中传给传锋，他传给踢球运动员，踢球运动员其将球踢向前场，目标是界外。接球组接到球开始传递由后场向前进攻。界外球线上的前锋则向前移动防守以阻断进攻。

指导要点：最主要的目的是确保球被踢出后，在踢球运动员没有前进超过争边球线之前，争边球运动员不能跑到踢球运动员的前面——强调这是越位的基本规则。改变周边的运动员，测试新的踢球运动员。注意踢球后进攻和防守运动员快速地形成进攻和防守线。

进阶：界外球的前锋不要一起攻向接球的运动员，而是应该散开以阻断其传球。

第七章

拉克、冒尔、斗牛

第七章　拉克、冒尔、斗牛

拉克、冒尔、斗牛是橄榄球中具有对抗性和技能性的三个方面，需要力量、控制性进攻和良好的纪律来确保进攻方能够保持或获得球权和领地优势。年轻的运动员一定要学习这些技巧和控制力来保证他们能够将这些技巧有效发挥，不会因犯规而受到处罚。

拉克

扑搂中被扑搂运动员一旦着地，他们必须放球，这就形成了一次拉克。被扑搂的运动员（年轻的或年长的！）为了让他们的队友得到球，他们都会有一种抓住球不放的倾向——这种做法会受到处罚。

拉克旨在试图抢回一次没有固定战术或者打法的球。前锋经常会涉及到拉克中，并且他们只能用脚控球。

冒尔

被扑搂运动员受到拦截并没有倒地，这可能形成一次冒尔。在这种情况下，两侧的前锋与持球运动员相互夹扎，双脚站立，他们努力用胳膊和手把球抢到自己一侧。

拉克和冒尔旨在快速地重获球权，使得球队继续获得进攻的机会。

斗牛

斗牛是指一次失误后重新开始比赛的定位球进攻。为了获得球权，每队有8名运动员向前夹扎在一起，努力将对方向后推。

为了运动员的安全避免受伤，斗牛的组架受到严格的控制。本章的训练涉及了斗牛技巧的基础及把这些基本技术分为各个环节的基本技术。对于青少年运动员来说，从头开始学习正确的技巧非常重要；随着自信心和能力的提高，慢慢开始逐步练习。

在所有训练要素中，注重培养青少年运动员良好的纪律，将有助于他们形成良好的习惯，这种习惯将使他们获得更多的得分机会，并减少犯规，因为运动员可能会遭遇挫折，或出现不受控制的反应时犯规——有时说比做容易！

一次成功的拉克使得苏格兰队的克里斯·卡斯特获得球权。

示例 62 顶推位置技术 1

目的：介绍和练习正确的顶推技巧。

配备：运动员和一面墙。

练习方法：如图 1 所示，开始时运动员用双手倚靠在墙上，双手略低于胸，脚后退与身体成 45 度角。运动员用双手沿墙移动，移动过程中始终屈膝。保持这个位置数到三。

指导要点：注重良好的身体姿势——这对于训练的安全性是关键的，从开始发展正确的技巧。保持宽距站姿，脚趾指向前，膝弯曲，背打直，下巴上抬，眼睛向上保持睁开。注意不要弓背——强调保持背部平直来获得力量。

进阶：如图 2 所示，每一对运动员手和膝相对，夹扎成斗牛姿势。听到教练口令，运动员有控制地向前推——如图 3 所示，这将会使他们互推位置上升。保持 3 秒，回到起初位置重新开始。在可控前提下重复此练习，发展运动员的信心。

记住整个过程中正确的身体姿态。这个动作能分解成两个阶段：

1. 运动员紧紧地团身，挺胸塌肚子（这将有利于在移动过程中始终保持直背），并且紧紧与对手夹扎；

2. 向上——运动员向前上方推，使胸部和核心区保持稳定，用双脚脚趾推离地面。

注意运动员推离地面时避免形成弓背。运动员练习开始时保持一只手在地面，直到能够连续地完成正确的技巧。

示例 63 顶推位置技术 2

目的：发展动态练习中的顶推技巧。

配备：每 2 名运动员配备 1 个撞包。

练习方法：运动员分为两人一组。一名运动员手持撞包，另一名运动员双手抱包，处于顶推撞包的位置。运动员双腿向后调整至正确的位置并保持 3 秒。随后运动员交换位置，使他们都有机会使用撞包。练习时不能有向前的推动。

指导要点：强调良好的身体姿势，保持宽距站姿，脚趾指向前，膝弯曲，背打直，下巴上抬，眼睛向上保持睁开。注意不要弓背——这是很弱的姿势，需要避免——强调保持脊椎直立的重要性。确保顶推运动员的肩部牢牢地与撞包接触，要求持撞包运动员提供一个稳定的平台对抗这种推力——没有稳定的平台，这个顶推的运动员就会跌倒。

进阶：将撞包排成一行，站在线后为顶推运动员提示停止的手势。这需要顶推运动员向上看。

示例 64 夹扎和顶推

目的：发展斗牛状态下团队顶推技巧。

配备：每 4 名运动员配备 2 个撞包和 4 个标志盘。

练习方法：运动员分为两队，每队各两名，在一个 3 米网格中放置 4 个标志盘。两名运动员拿上撞包，肩对肩站在最上面两个标志盘之间。另两名运动员（顶推运动员）面对他们站在底部两个标志盘之间，他们肩对肩、内侧手臂处于对方腰部。顶推运动员向撞包前进，弯曲身体成一种顶推姿势——右侧运动员把头放在两个撞包间隙中。他们的手臂应该牢牢地抱住撞包，肩关节与撞包接触。听到教练口令，顶推运动员必须尽力向前推，但不能超过半米。尝试重复 2~3 次，然后交换持撞包运动员。

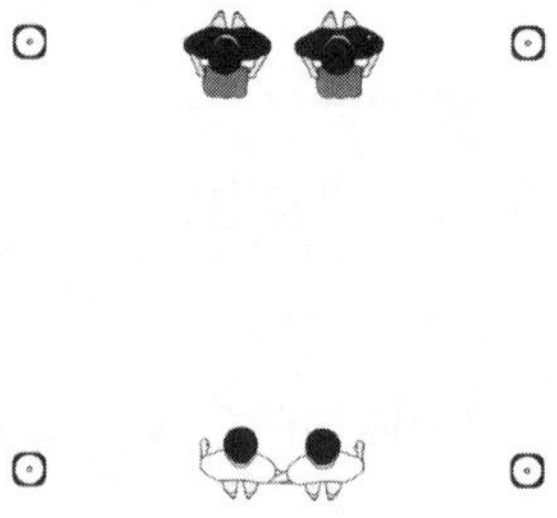

指导要点：正如前面三种训练中所示，强调正确的身体位置。这种训练不能着急，仔细观察个人的反应。如果出现任何扭转或倒扎的危险，要快速地介入。顶推运动员要两两合作，紧紧地在彼此的腰部绑扎好。确保持撞包运动员扮演好他们的角色，提供一个稳定的支撑平台。他们在顶推中可以略微后退，但是对顶推运动员要保持较大的压力——他们在那里是为了帮助队友发展优秀的顶推技巧，而不是为了被他们顶开。

示例 65 前排组合

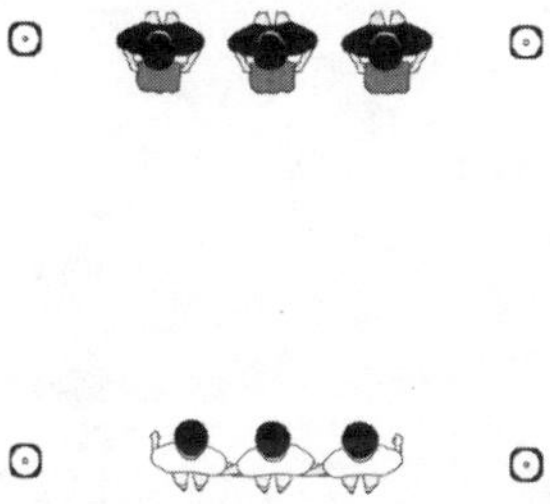

目的：发展前排斗牛技巧。

配备：每 6 名运动员配备 3 个撞包、4 个标志盘和 1 个球。

练习方法：运动员分为两组，每组三人，在一个 3 米网格中放置 4 个标志盘。三名运动员拿起撞包，肩对肩站在最上的两个标志盘之间。其他三名运动员面向他们站在下面两个标志盘之间，两名外侧运动员（支柱锋）夹扎在中间运动员（勾球锋）的腰部。勾球锋夹扎穿过两名支柱锋队友的背 / 肩，紧紧抓住他们的球衣。听到教练口令，他们向障碍物前进——中间运动员把头放在左边两个撞包的间隙中，右边队友把头放在右边间隙中。所有三名顶推运动员的肩部与撞包接触。顶推运动员移动脚步并顶住撞包。两名外侧运动员有力地夹扎在撞包周围。听到“弯曲”口令后屈膝；听到“推”口令后直膝努力将撞包向后推。重复 2~3 次，然后交换运动员。

指导要点：正如前面的训练计划中所述，强调正确的身体位置。持撞包运动员应该保持一个稳定的宽站姿。这是为了给顶推运动员提供一个坚实而持续的基座，这点很重要。

示例 66 前排接触

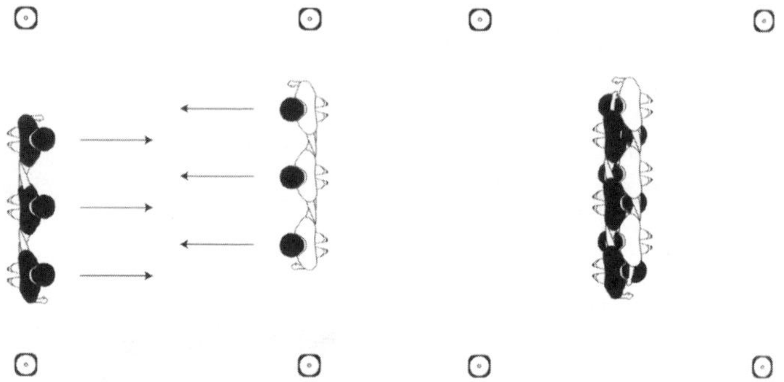

目的：发展两组前排接触时的技巧。

配备：每 6 名运动员配备 4 个标志盘和 1 个球。

练习方法：在 2 米网格中标志盘的内侧，如图所示划分运动员。运动员面对面站成两排。运动员听从教练口令：

·“蹲低”——两排运动员俯身到腰部（间距一只手臂的长度），准备接触。

·“保持”——等待。

·“进入”——他们保持正确的身体姿势进行对抗（上面的一排被认为拥有球权，因此对手的头如图所示插入空隙）。

·“推”——两排运动员相互顶推数秒到三。

·“停”——两排运动员分开。

慢慢地重复 3~4 次，使运动员习惯这种练习。

指导要点：强调正确的身体姿势包括宽站姿，脚成 45 度，鞋子底部在地面给予更好的摩擦力，俯身屈膝降低身体高度，下巴上抬，挺胸，背挺直，眼睛睁开找球。膝关节在身体下方不能向前。他们必须保持良好的背部姿势，背部挺直，从膝关节传递推力。

英格兰U20队的传锋萨姆·哈里森等待英格兰和爱尔兰队的前锋组架斗牛。

示例 67 人数增加的斗牛 1

目的：发展完成5人斗牛的技巧、力量和经验。

配备：每10名运动员配备4个标志盘和1个球。

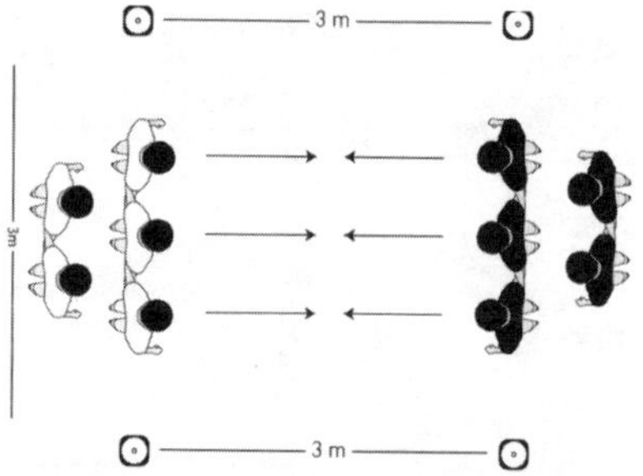

练习方法：运动员分为两组，每组5人，在一个3米网格中放置这4个标志盘。运动员面对面站成两排，三名运动员在前，两名运动员在后。运动员听从教练口令：

·“夹扎”——如示例66前面的夹扎。后面两名运动员（锁球锋）夹扎在彼此的腰部。

·“蹲低”——前排俯身，两名锁球锋仍然保持站姿。

·“触摸”——前排伸出手臂互相接触对方。

·“加入”——前排向前移动，锁球锋就位。

·“锁”——两名锁球锋把头插入前排队友的臀部之间。锁球锋强有力地夹扎在前排运动员的臀部。

·“靠”——两队运动员相互顶推对方。

重复3~4次，慢慢地熟悉口令的顺序，使运动员习惯这种练习。

指导要点：强调正确的身体姿势包括宽站姿，脚成45度，鞋子底部在地面给予更好的摩擦力，俯身屈膝降低身体高度，下巴上抬，挺胸，背挺直，眼睛睁开找球。膝关节在身体下方不能向前。他们必须保持良好的背部姿势，背部挺直，从膝关节传递推力。夹扎是这个过程中至关重要的一环，必须强调其重要性。锁球锋能够抓住支柱锋的球衣，形成一种强有力的连接。

示例 68 人数增加的斗牛 2

目的：发展完成 6 人斗牛的技巧、力量和经验。

配备：每 12 名运动员配备 4 个标志盘和 1 个球。

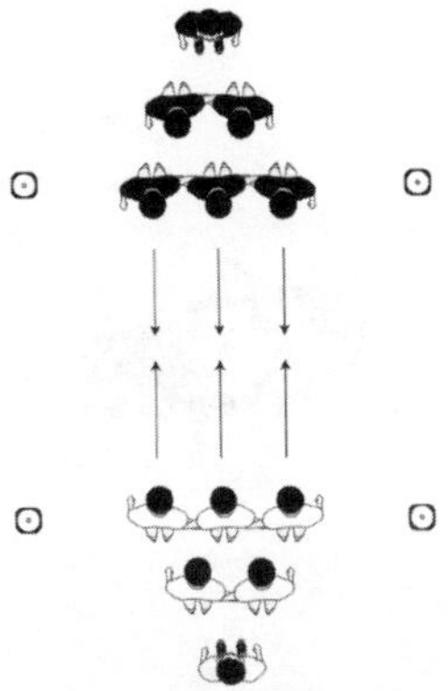

练习方法：当训练示例 67 中 5 人斗牛争球运动员的信心和技巧的程度得到提升时，增加两名运动员（8 号运动员）夹扎在两名锁球锋之间，随后的指令和示例 67 一样。从无竞争的 3 人斗牛开始练习——然后在适当的时机引入顶推。

指导要点：适合锁球锋和支柱锋的训练要点对 8 号运动员同样有效——宽站姿，脚成 45 度，鞋子底部在地面给予更好的摩擦力，俯身屈膝降低身体高度，下巴上抬，挺胸，背挺直，眼睛睁开找球。膝关节在身体下方不能向前。他们必须保持良好的背部姿势，背部挺直，从膝关节传递推力。8 号运动员也能穿过锁球锋张开的双腿夹扎，并抓住前方队友的球衣。这是一个合适的推进位置，它自动将 8 号运动员的肩部带到支柱锋臀部的正确位置。

进阶：当运动员准备向前顶推时，传锋发出一个协调推进的信号。听到“球已投进”时，运动员屈膝。听到“现在”时，降低臀部，脊柱伸直，同时伸直双腿向前推。任何顶推动作不能超过 1.5 米，或者旋转超过 45 度。

示例 69 在完全控制的比赛中设置斗牛顶架

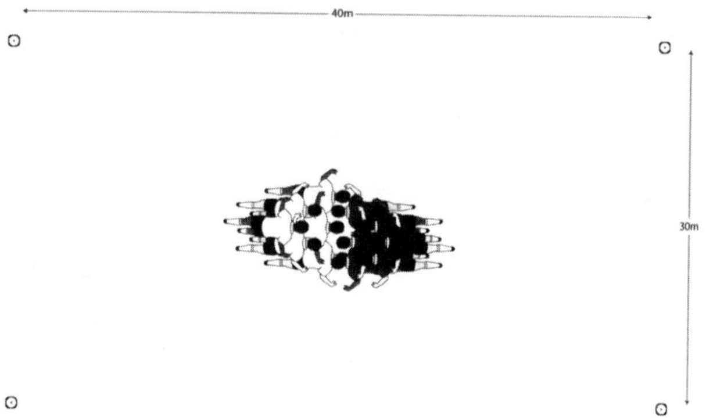

目的：发展完整斗牛顶推的技巧、力量和经验，提供清晰理解和根深蒂固的线路。

配备：每 12 名运动员配备 4 个标志盘和 1 个球。

练习方法：使用这 4 个标志盘标出一个大约 30 米 ×40 米的比赛区域。这个训练中使用已经熟练掌握的技巧，但是处于一种不太固定的环境中，以便训练以单元进行。教练要求做一次斗牛并标记地点。两排运动员夹扎站在一起，间隔一只手臂长度。第二排夹扎处于顶推位置。随后 8 号运动员单膝跪在他们后面，进入夹扎位置。听到“蹲低”口令后，前锋保持顶推姿势，等待“加入”的口令，但是他们不能向前推。重复练习，在比赛区域的不同位置重新设置斗牛。

指导要点：当你认为这个技巧水准足够高时，可以增加传锋为无争的斗牛投球。接下来允许勾球锋带动斗牛顶推争球。8 号把球控制在自己脚下。

任何顶推动作不能超过 1.5 米，或者旋转超过 45 度。

第八章

扑搂和防守

第八章　扑搂和防守

扑搂是在运动员之间全对抗情况下另外一个极具挑战的部分。对于防守球队来说，扑搂是为了试图阻止进攻球队获得领地并向己方达阵线前进的方法。扑搂的目的是抓住持球运动员，并将其扑倒在地——一旦被扑倒在地，运动员必须立即放球。

青少年运动员需要学习如何正确的扑搂（保证他们和对手的安全）、被扑搂后该如何反应以及支援被扑搂运动员。一支成功的球队被对方扑搂后，他们能够继续保有球权并组织连续进攻。

为了保证扑搂的安全，本章讲解练习的基本技巧。在第五章接触技巧中阐述过撞包的正确使用方法和持撞包运动员应该扮演的角色。

青少年和无经验的运动员需要掌握扑搂的各个技术环节和具有强壮的身体——这对于从开始就练习好的基本技巧十分重要。教练依据运动员的经验和能力选择训练的级别。强调在不同环境中通过这些关键环节的重复练习，保证趣味性，同时满足强化技巧的需要。教练需要全程重视训练的质量。

黄金规则

1. 只有持球运动员能被扑搂——青少年运动员需要学习掌握扑搂持球运动员的时机——当他们还拥有球权的时候。如果球已经传出去了，他们的扑搂已经晚了，这会受到犯规处罚。

2. 撞人不是扑搂！那些缺少自信、协调性或者大个子的青少年运动员开始练习扑搂时，他们会尝试将目标撞倒在地。如果一名扑搂运动员没有将他们的手臂缠抱在持球运动员周围，这将被视为危险动作，并将受到处罚。

3. 扑搂必须在肩以下进行——任何高于肩的扑搂对于被扑搂运动员都是危险的，这将受到处罚。

4. 一名扑搂运动员不能举起持球运动员将他们“倒扎”在地上。持球运动员的身体一定不能被反转超过水平线——这被称为“鱼叉”扑搂，它是另一种危险动作，将受到处罚。

在一场 20 岁以下的国际比赛中，威尔士队的托比·法莱陶全力对英格兰队的亚历克斯·格雷做出了一个关键的扑搂。

示例 70 侧面扑搂

目的：介绍有效的侧面扑搂所需的技巧。

配备：每 8 名运动员配备 2 个标志筒和 1 个球；在每名运动员的大腿上贴上标记。

练习方法：运动员分为两队，每队 4 人。每队必须成一条直线站在标志筒后，如图所示，两队相互成直角。听到教练口令，运动员 1 持球快速地走出去。运动员 2（扑搂人）前进并完成一次边线扑搂。然后两名运动员重新站立，跑到对方的线后面。运动员 3 和运动员 4 重复此训练。所有运动员参加练习后，换边使用相反的肩完成扑搂。

指导要点：在此训练中，指导扑搂人保持手和头向上，目光盯住贴在运动员大腿上的标签。他们接触时应该撞击，并用双手紧紧缠抱。在开始阶段，进攻球员是相对被动的。不允许闪避或向前跨步。

进阶：随着技巧的进步，要求进攻球员逐渐地增加他们的速度至慢跑、半速状态。

示例 71 追扑

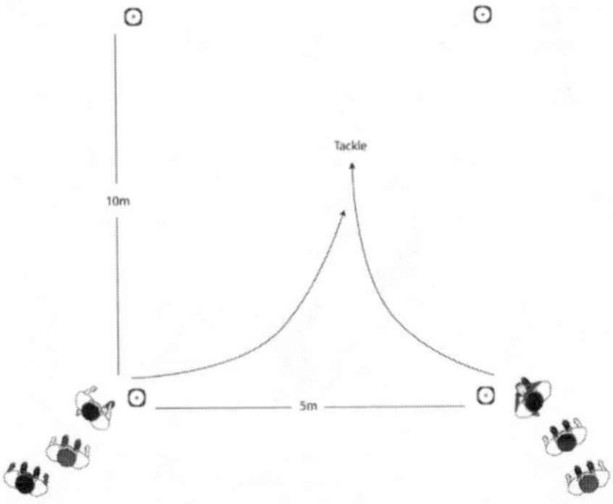

目的：介绍有效追扑所需的技巧。

配备：每 8 名运动员配备 4 个标志盘和 1 个球；在每名运动员的大腿上贴上标记。

练习方法：运动员被分为两队，每队 4 人。如图所示放置这 4 个标志盘形成一个 5 米宽、10 米长的网格。每队成一条直线站在标志盘后，形成两条平行线，运动员前后间距大约 1 米。听到教练口令，运动员 1 持球快速地走出去。听到第二声口令，运动员 2（扑搂人）从后面接近并完成一次扑搂。然后两名运动员重新站立，跑到对方的线后面。运动员 3 和运动员 4 重复此训练。所有运动员参加练习后，换边使用相反的肩完成扑搂。

指导要点：在此训练方法中，指导扑搂人保持手和头向上，目的是盯住贴在运动员大腿上的标签。他们接触时应该撞击，并用双臂紧紧缠抱拽住腿。扑搂应该略微从侧面，而不是直接从后面进入。

在开始阶段，进攻球员是相对被动的。

进阶：随着技巧的进步，要求进攻球员逐渐地增加他们的速度至慢跑、半速状态。

示例 72 迎面扑搂游戏

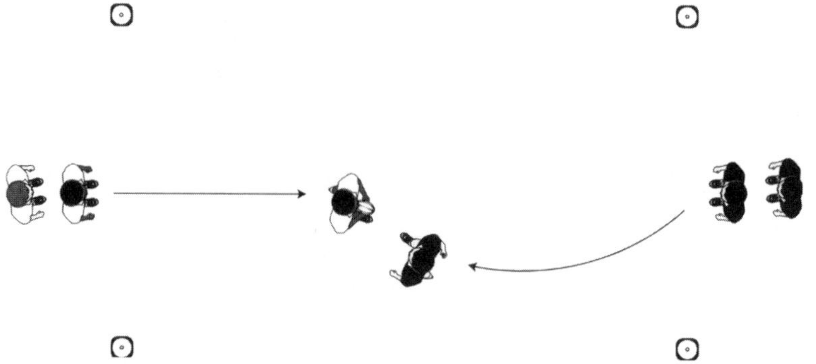

目的：介绍有效迎面扑搂所需的技巧。

配备：每 8 名运动员配备 4 个标志盘和 1 个球；在每名运动员的大腿上贴上标记。

练习方法：运动员被分为两队，每队 4 人。如图所示放置这 4 个标志盘形成一个 5 米宽、10 米长的网格。每队分别站在两侧网格标志盘的中间。听到教练口令，运动员 1 持球快速地走到网格中央。运动员 2（扑搂人）以弧线接近并迫使运动员 1 向网格边线移动，进行一次扑搂，然后两名运动员重新站立，跑到对方的网格站到线后。运动员 3 和运动员 4 重复此训练。

指导要点：重点是扑搂人以弧线接近进攻运动员，限制其逃跑的机会。指导扑搂人保持手和头向上，目的是盯住贴在运动员大腿上的标签。允许拽腿。头必须贴近被扑搂人的大腿或臀部，他们接触时应该撞击，并用双臂紧紧缠抱拽住腿。在开始阶段，进攻球员是相对被动的。不允许闪避或向前跨步。

进阶：随着技巧的进步，要求进攻球员逐渐地增加他们的速度至慢跑、半速状态。

示例 73 防守队列 1

目的：从没有固定战术或者打法的比赛中建立一个完好结构的防守线；发展防守沟通能力。

配备：每 8 名运动员配备 6 个标志盘和 1 个球。

练习方法：运动员被分为两队，每队 4 人。使用 4 个标志盘建立一个 10 米 ×10 米的网格，在左边界线处放置两个间距 2 米的标志盘。两队成一条直线站在他们的标志盘后（形成防守和进攻），球放在 X 点。听到教练口令，所有进攻和防守运动员从标志盘 X 和 Y 周围的起点跑出去，形成进攻和防守线。进攻运动员绕过他们的标志盘，并捡起球。强调沟通的同时，以快速的步行速度开始训练。无论进攻完成还是被破坏掉，训练都算完成。

指导要点：防守——对于第一名防守运动员，诱惑他盲目地跑向网格远侧，在里面留下空档。加入防守线的运动员必须使外侧的运动员意识到他的存在，允许外侧运动员压迫。通过从内侧加入防守线，进攻跑动被逼入死角，这也是一种防守。

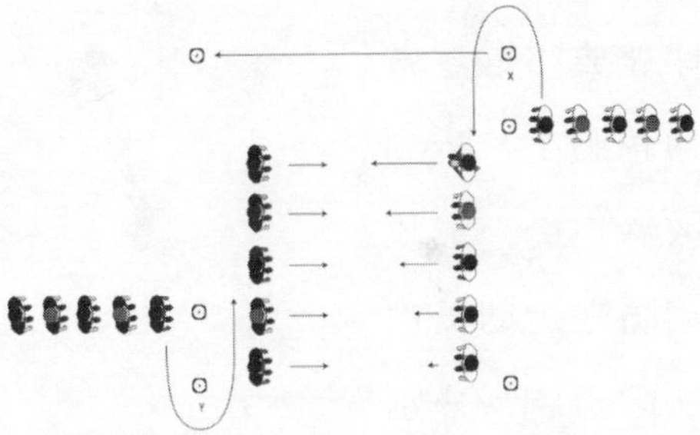

进攻——随着运动员再次从边线加入进攻线，拿球以 45 度角开始。这将使得防守运动员向外侧移动，并最终压迫进攻的空间。指示运动员直跑到达突破点，“定住”防守运动员。跑动时机很重要——跑动太早或仅是向侧面跑都会导致防守运动员向外侧移动。

进阶：随着竞争性的增长，提高速度。

示例 74 防守队列 2

目的：从没有固定战术或者打法的比赛中建立一个结构完好的防守线；从突破点练习进攻，发展沟通能力。

配备：每 8 名运动员配备 4 个标志盘、2 条轮胎和 1 个球。

练习方法：运动员被分为两队，每队 4 人。如图所示使用 4 个标志盘建立一个 15 米 ×15 米的网格，在中央一侧放置两个间距 2 米的轮胎——轮胎代表一次突破和拉克的两端，因此这是防守人的越位线。两队运动员均站在他们的轮胎后面，球被放在进攻方的轮胎上。听到教练口令，进攻和防守运动员都从起点跑，分别

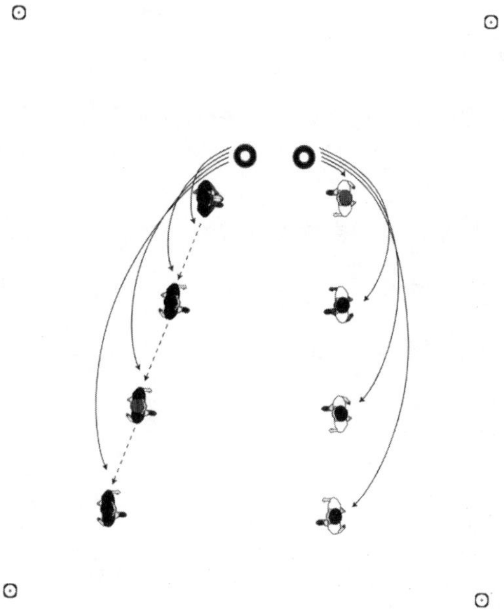

形成进攻线和防守线。强调沟通的同时，以快速的步行速度开始训练。无论进攻是否成功，训练都算完成。

指导要点：防守和进攻要点和训练示例 73 一样。

进阶：随着竞争性的增长，提高速度，球员数量增至每边 5 人。

示例 75 防守队列 3

目的：从没有固定战术或者打法的比赛中建立一个结构完好的防守线；从突破点练习进攻。

配备：每 10~14 名运动员配备 2 个标志盘、6 条轮胎和 3 个球。

练习方法：运动员被分为两队，每队 5~7 人。在中央（A）22 米线两边放两个间距 2 米的轮胎，在 15 米线两边分别放两个轮胎（B 和 C）。在中央轮胎外 10 米放两个标志盘（轮

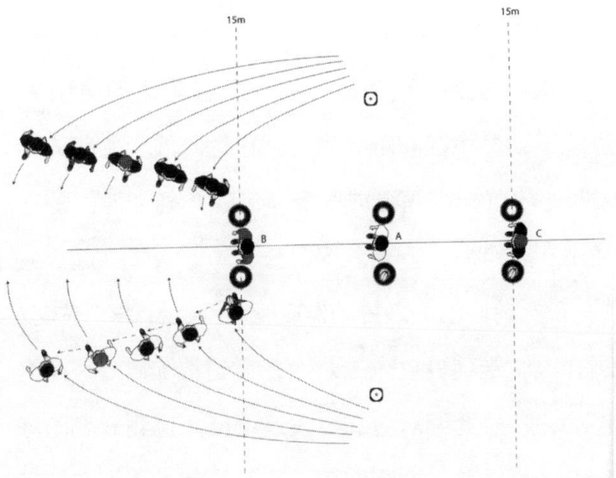

胎代表一次突破和拉克的两端，因此这是防守人的越位线）。如图所示，两队（进攻和防守方）站在标志盘后，在每对轮胎中放一个球。听到教练口令（“A”、“B”、“C”），进攻方跑到指定轮胎，并从这个点开始进攻。防守方跑到同一轮胎处形成一条防守线，保持不越位。进攻方能够选择他们的突破点的右侧或左侧作为进攻点。无论进攻是否成功，训练都算完成。

指导要点：确保“突破点”之间的距离与运动员的年龄相符——这是一次短而剧烈的训练，不是耐力跑！

示例 76 防守线 1

目的：介绍防守队列。

配备：每 12 名运动员配备 5 个撞包（每个都有目标标签[①]）和 6 个标志筒。

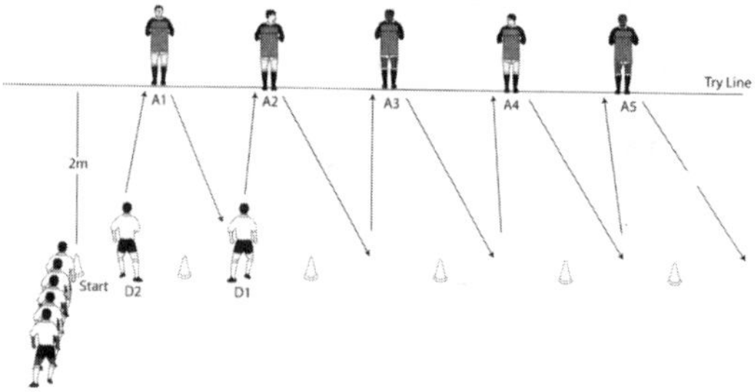

练习方法：运动员分为 5 名进攻运动员和 7 名防守运动员。进攻运动员相互间距 3 米，站在达阵线上，每人持一个撞包。对面 2 米处放置标志筒组成一行，创建 5 条通道。防守运动员成一条直线站在起点后，听到教练口令，防守人 1 从起点慢跑去扑搂进攻人 1——然后他迅速恢复动作返回，扑搂标签“进攻人 2”的运动员。防守人 2 走到进攻人 1 对面，听到教练口令，两名运动员同时向前移动，扑搂他们对应的进攻运动员。直到 5 名防守运动员向前移动到一条直线前，训练继续。此时防守人 1 处在这条线的末端，离开网格回到起点，以此方法训练能够使运动员持续地跑动。

指导要点：这条线的目的是使运动员一起向前移动。最初教练发出口令，随着认知的发展，左边的运动员也能发出口令（这点最靠近来球）。确保防守运动员彼此呼应，他们也必须集中注意前面训练中介绍的扑搂技巧。扑搂人：记住——抬手、抬头、撞击目标并用双臂进行强有力的缠抱。保持进攻方和防守方的轮换。

进阶：在绝不破坏整条线协同一致的前提下，提高跑动速度。

---

① 目标标签的作用是指明运动员在扑向撞包时需要撞击的位置。

示例 77 防守线 2

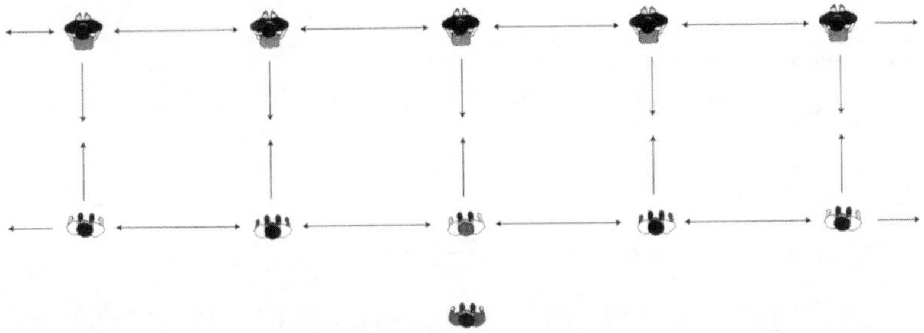

目的： 团队练习防守队列。

配备： 每 10 名运动员配备 5 个撞包（每个都有目标标签）和 2 个标志盘。

练习方法： 运动员分为 5 名进攻运动员和 5 名防守运动员。进攻运动员间距 2 米站在达阵线上，每人手持一个撞包。防守运动员成一条直线站在对面的 5 米线。教练站在防守线后，面对进攻线。教练把手伸向右边或左边时，进攻线随着指示的方向侧向移动，防守运动员必须跟随他们移动。教练把双手放在空中时，进攻线向前慢慢推进，好像进攻一样，防守运动员在一条直线上向前撞向对立的撞包，好像进行一次扑搂。随后两条线回到起点，继续训练。只有进攻运动员向前时，防守线才能向前移动。

指导要点： 移动防守线旨在挑战运动员的沟通和协调性。防守线必须同时移动明确他们对手的号码。防守运动员，有许多工作要做，但是要重视扑搂提示——抬头、抬手、追踪目标、撞击和缠抱。

进阶： 在绝不破坏整条线协同一致的前提下，提高跑动速度。

示例 78 防守线 3

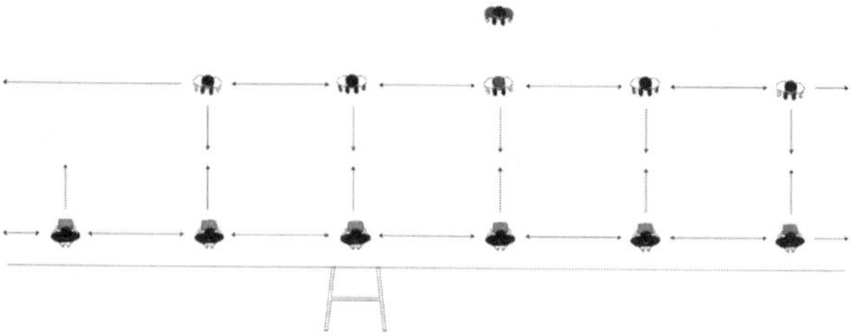

目的：提升团队防守队列。

配备：每 11 名运动员配备 6 个撞包（每个都有目标标签）和 2 个标志盘。

练习方法：运动员分为 6 名进攻运动员和 5 名防守运动员。进攻运动员间距 2 米站在达阵线上，每人手持一个撞包。防守运动员成一条直线站在对面的 5 米线（多一个进攻运动员）。正如示例 77，教练站在防守线后，面对进攻线，给出向左、向右或前进信号。防守运动员的挑战在于如何防守外侧斜跑出的多一个的进攻运动员。最初是进攻人 1—防守人 1；进攻人 2—防守人 2 等，进攻人 6 处于多一人的状态。随着教练指示向右进攻，防守人必须转换这条直线上的球员（防守人 1—进攻人 2；防守人 2—进攻人 3）。如前所述，无论教练指示向右还是向左，只有他说向前时才能扑搂。然后两队休息，再重复训练。

指导要点：移动防守线的目的是挑战运动员的沟通和协调性。防守线必须一起移动，以确保防守线上不出现过大的空档。鼓励多交谈——比赛时内侧的运动员必须持续不断地和外侧的运动员保持沟通，这样在防守移动过程中不必时刻检查内侧防守运动员是否在位。防守运动员，有许多工作要做，但是要重视扑搂提示——抬头、抬手、追踪目标、撞击和缠抱。

进阶：在绝不破坏整条线协同一致的前提下，提高跑动速度。

示例 79 防守线前进——卡压

目的：在接近比赛真实情况下发展团队防守队列。

配备：每 11 名运动员配备 6 个撞包（每个都有目标标签）和 2 个标志盘。

练习方法：运动员分为 6 名进攻运动员和 5 名防守运动员。进攻运动员间距 2 米站在达阵线上，每人手持一个撞包。防守运动员成一条直线站在对面的 10 米线，如示例 78。教练站在防守线后，面对进攻线，给出向左、向右或前进信号。如前所述，无论教练指示向右还是向左，只有他下令向前时才能扑搂。当进攻方一起向防守方直线前进时，防守方根据进攻方的队形展开防守，听到教练口令，一起散开应付多一名的进攻运动员。

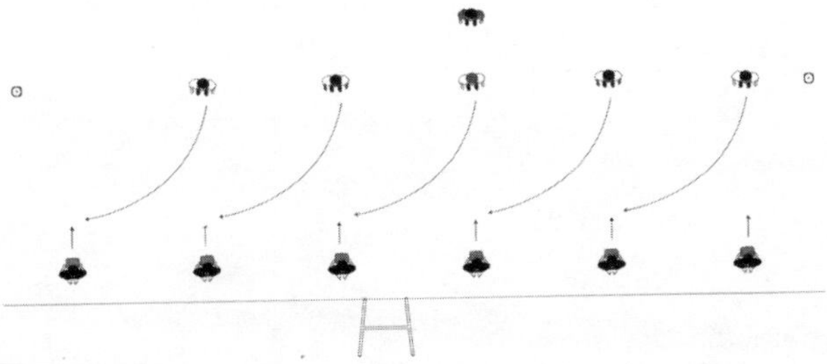

指导要点：防守不能向外斜跑，否则内部会出现空隙。这个训练模仿当第一个运动员持球定人并传球后，防守线向上和向外卡压。鼓励多交谈——比赛时内侧的运动员必须持续不断地和外侧的运动员保持沟通，这样在防守移动过程中不必时刻检查内侧防守运动员是否在适当的位置。防守运动员，有许多工作要做，但是要重视扑搂提示——抬头、抬手、追踪目标、撞击和缠抱。

进阶：用内侧防守人的口令代替教练员的口令，使其能选择什么时候追逐传出的球并发出卡压追球的口令。

第九章

踢球和站位

第九章　踢球和场地

正确地使用踢球是一种有效的进攻武器，但是，如果过于频繁，它将被视为一种纯粹的防守性手段，并给予对方球权。如果让青少年运动员处理，大多是将球踢给对方，当然，在罚踢的情况下这也是快速简捷地获得球权的技巧。

许多专业教练倾注一生研究错综复杂的踢法及很多改良的技巧，这部分注重于踢球和防守踢球的基础。

威尔士的接锋斯蒂芬·琼斯又一次攻门成功。

示例 80 踢球介绍

目的：建立踢球基本技巧的自信和竞争力。

配备：每两名运动员配备一个球。

练习方法：运动员开始间距 5 米，面对面站立。注重技巧的连贯性，运动员相互踢球给对方。练习的目的是准确度，使得接球人不需要移动就能接球。

指导要点：竖直拿球，把手放在球最宽的部分，顶端朝向接球人，从站姿（不需要跑）抬腿平稳地踢球。脚趾始终瞄准目标。更多的注意力放在接下来的过程中——运动员在踢球触碰点停下来，腿伸直，脚趾瞄准目标。目标是踢球点，随后直接踢到接球人手中。球在空中飞行是相当平稳的，就像一次传球。

全程盯住踢球的接触点（这将使运动员头朝下，防止他们向后倾斜）。这是一个安静放松的训练——集中注意力将是有帮助的，教练要求运动员描述踢球的声音，接触的感觉，看球鞋的哪一点碰触到球。不要过度地指导刚参加训练的运动员——让他们体会。试验和失误是最好的老师！

进阶：随着信心的增长，运动员间距增至 10 米、15 米等，但是不能为了扩大距离而使准确度下降。运动员改变踢球的角度——这样做对球的飞行有什么作用？通过调整脚趾的接触点能够获得更高的轨迹。

示例 81 发展踢球

目的：发展一系列踢球技巧。

配备：每 2 名运动员配备 1 个球。

练习方法：运动员间距 5 米，面对面站立。注重技巧的连贯性。运动员相互踢球给对方。运动员在小踢（A）、平踢（B）和地滚踢（C）之间转换。练习的目的是准确度，接球员不需要移动就能接球。

指导要点：小踢和平踢如前面训练所述持球。小踢脚趾向上、平踢脚趾向下。地滚踢把球落在脚上，目的是踢球经过地面反弹奔向目标。这种踢法要在碰到接触点时膝盖在垂直方向向前超过脚面。

进阶：随着信心增长，运动员间距增至 10 米、15 米等，但是不能为了扩大距离而使准确度下降。运动员能在走动、慢跑和带球跑中完成踢法。进阶前能够完美地踢球。记住：熟不能生巧，只能让你一成不变，所以要总是进行完美的练习。随着技巧的发展，训练可以提速，由活生生的防守线代替扑搂包。

示例 82 进攻踢——跑动 1

目的：发展跑动中踢球的技巧。

配备：2 个标志筒，2 名防守运动员，2 名进攻运动员，1 名传锋，1 个球和 1 个撞包或扑搂包。

练习方法：放置两个间距 3 米的标志筒代表拉克或冒尔后的最后一只脚。防守运动员（D1 和 D2）建立一条防守线，在他们后面 5 米处放一个扑搂包作为踢球人的目标。好像从一次拉克或冒尔开始，A1 接到传锋的传球。

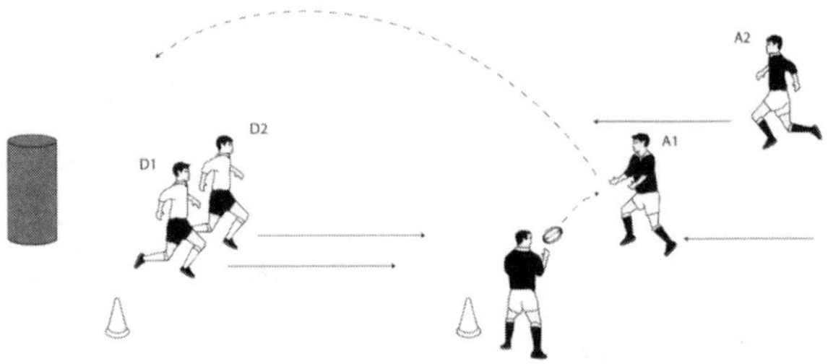

A1 带球跑时，他将球踢到这个目标包上。这种踢法不同于地滚踢或小踢。A2 作为支援运动员，他跑去接踢出去的球。

指导要点：准确度才是目的，所以要逐渐地提高节奏。目的是要踢到扑搂包。如果 A1 没有带球向前移动，他不能指令进攻运动员向前进——跑动必须要吸引防守运动员。鼓励防守运动员前去防守，好像没有预料到这次踢球——这种练习是为了训练进攻运动员！ A2 应该调整这个角度并掌握跑动的时机，在不越位前提下，对接球员（此例中指扑搂包）施加压力。每人练习三次后轮换位置。

进阶：最初防守运动员慢慢地向前，只需保持训练队列。随着技巧的提高，防守运动员以接近比赛的速度接近进攻运动员，目的是给踢球人施压。最后的变化是如果防守运动员没有注意 A2 或者太过于注意 A1，A1 能够选择传球给 A2。

示例 83 进攻踢——跑动 2

目的：发展比赛跑动过程中踢球的技巧；给追击踢球的运动员更多的时间追击。

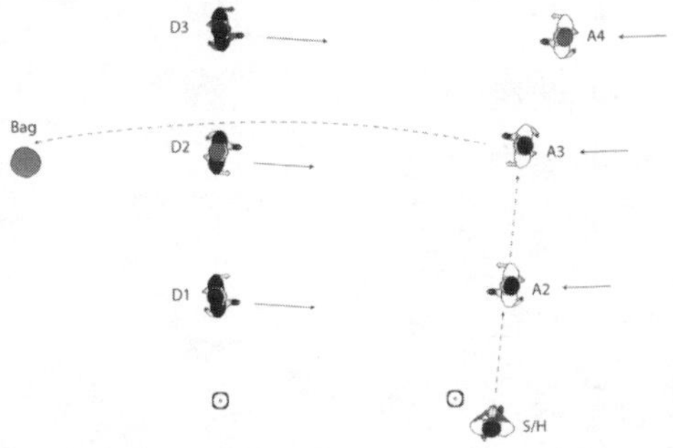

配备：2 个标志盘，3 名防守运动员，4 名进攻运动员，1 名传锋（喂球人）和 1 个球。

练习方法：放置两个间距 3 米的标志盘代表拉克或冒尔后的最后一只脚。防守运动员 D1，D2 和 D3 建立一条防守线。好像从一次拉克或冒尔开始，A2 接到传锋的传球，传给 A3。A3 接到球后踢向目标扑搂包。踢球也可以采用地滚踢或小踢。A2 和 A4 跑去追击并接踢出去的球。

指导要点：准确度才是目的，所以要逐渐地提高节奏。外侧跑动者的时机对这项技术的有效性来说才是最重要的。A2 必须把球带起来否则就不会鼓励进攻者前进。当 A2 接到球面临防守运动员 D1 内侧肩的防御。A3 应该从传统的攻击线进攻并接平传球。A2 和 A4 必须注重跑动的时机，确保在不越位的情况下破线以足够的速度给接球人造成较大的压力（接球人由扑搂包代替）。每练习两次后轮换一名运动员，使每人都操练一遍。

进阶：最初防守运动员慢慢地向前，只需保持训练队列。随着技巧的提高，防守运动员以接近比赛的速度接近进攻运动员，目的是给踢球人施压。最后的变化是如果防守运动员没有注意 A3 或者太过于注意踢球人，A3 能够选择传球给 A2 或者 A4。

示例 84 棒球运动

目的：挑战踢球运动员的空间意识。

配备：每 12 名或更多运动员配备 5 个标志盘和 1 个球。

练习方法：

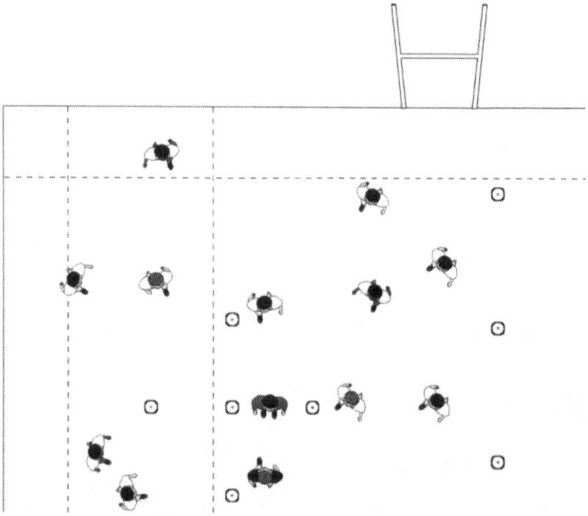

这个训练中你至少需要 12 名运动员——3 名是踢球运动员，余下运动员是外接手，教练作为投球手。放置几个相互间距 10 米的标志盘建立一个棒球 / 板球内场，并且为这个“投球手”放置第 5 个标志盘。外场应该受到限制，并且最好使用这片场地的边角建立，边线和达阵线作为两侧，标志盘标注其他的边线。教练扔或滚球给踢球人 1，踢球人 1 拿球后立即踢向外场。在球被接到之前，踢球人 1 都可以保持跑动。如果球被标志盘上的运动员接住或者球出了边线或者死球线，则该名踢球人出局。

指导要点：一旦运动员有了概念，教练可以把球给踢球人 1 以测试其迅速踢球的技术。接球人必须尽早清晰地互相沟通以要球。鼓励踢球人把球踢向明确的区域。你也不得不根据运动员的能力改变训练区域。

进阶：鼓励接球人（防守人）接好球。增加一条规则：球在被传递三手后踢球人会被阻止。后面 3 个人可以支援接球人并准备反击。

示例 85 进攻踢

目的：发展一次有效进攻踢的技巧和技能。

配备：4 个运动员配备 1 个球和几个标志盘。

练习方法：这个游戏是要穿过横杆，进入极阵区域和内场等距离线。队伍成员面对面，小踢超过横杆，球要落在对手的区域。球必须从接住它的那点踢回来。

指导要点：这里都是关于踢球空间的内容，运动员要发展不同角度的踢球。保持重复训练的指导要点——注重质量。

进阶：回踢之前，运动员可以把球踢给同伴（更像排球）。

示例 86 传锋踢球 1

目的：介绍传锋“箱踢”（指传锋在冒尔后的踢球）进攻的原理（高度和准确度是这种踢球的关键，在比赛中运用此种踢法，队友将有机会重新抢到球）。

配备：每名运动员配备6个目标标志筒，1个标志筒和1个球（越多越好）。

练习方法：用6个目标标志盘组成一个圆圈，作为球落地的目标网格。这个网格大小变化依据年龄和竞争力而定——从一个大的网格（直径10米）开始。踢球运动员在靶圈外15米处放一个标志筒。随后踢球人练习把球踢到圆中央。其他运动员捡球后传给他，继续训练。

指导要点：球正好放在这个标志筒后面，要求惯用右脚的踢球员宽站距站立，左脚靠近球。伸手拿球，左脚走到右脚前方一步距离，完成踢球。通过快速地移动左脚到右脚前方，为踢球创造空间，也不需要摆动右脚，这些都为成功完成踢球赢得了时间。

示例 87 传锋踢球 2

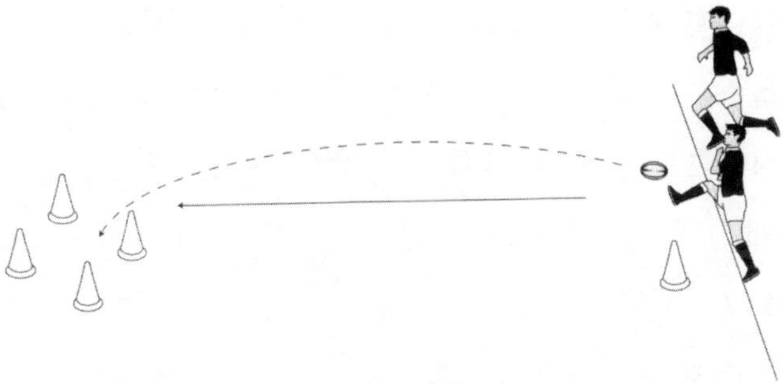

目的：发展传锋“箱踢”进攻的原理；与追球的边锋跑动能力相协调。

配备：每一对运动员配备 5 个标志筒和尽可能多的球。

练习方法：每一对运动员中一名是传锋，另一名是边锋。放一个标志筒代表斗牛 / 冒尔后的最后一只脚。余下的 4 个标志筒作为球落地的目标网格。测量网格的距离，以及球被传锋踢出后在空中飞行的时间，然后测量边锋在这段时间跑动的距离。这种踢法可以用于解除防守压力，也可以作为进攻手段，如在 15 米和 10 米线的交叉点上。边锋掌握跑动的时机，以便他全速向前跑正好出现在球落地的位置。保持边锋的轮换，保证高质量，在场地的左右两侧都要练习。

指导要点：目的是要边锋和球同时抵达，但这需要跑动运动员采取一些调整，完美地掌握跑动的时机。要求休息的运动员提醒正在练习的运动员，这将增加对技巧的认识，有助于自身指导的发展。变化场地上完成练习的点，以便运动员能够看到什么有效什么无效。

进阶：引入后排防守和进攻，对踢球运动员施压。只有完全理解训练内容后才能这样做。

示例 88 追球技巧

目的：发展运动员之间追赶踢攻球的沟通和协调性。

配备：在 30 米 ×20 米网格中放 4 个标志盘，一些运动员和球。

练习方法：防守运动员 D1~D3 站在网格的一条边线上，成一列站好。在网格的另一边边线上，进攻运动员 A1 和 A2 准备接球。D1 把球踢给 A1 或者 A2，然后 A1 和 A2 从起点出发，好像是反攻。D2 和 D3 的工作是防守。为了避免疲劳，运动员可以频繁地轮换角色。

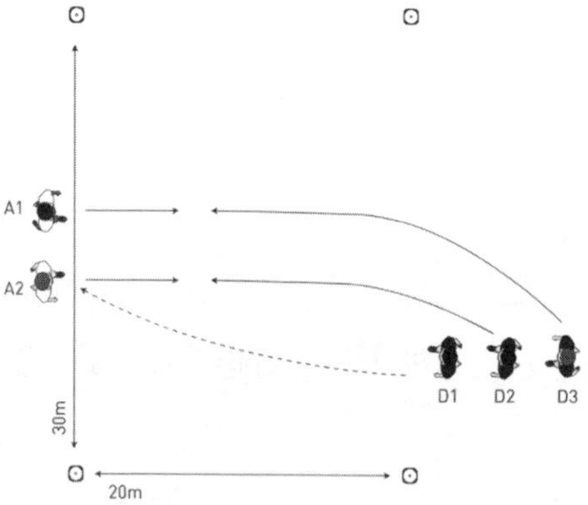

指导要点：合作追逐运动员是至关重要的。如果一名运动员跑得太快，他将给进攻人留下一条可利用的缝隙。一名运动员自己跑起来很容易被一个静止的球员击败。指导防守运动员当球在空中时，注意他们队友的位置。确实，经过最初的“现场”，跑动运动员能够预判球落地的位置，因此看看周围支援队友和防守运动员的位置。如果球踢得很高，接球运动员被孤立了（因此不可能传球），两名防守运动员应该紧靠在一起。如果接球过早，其他反攻运动员都在支援，追逐运动员必须相互沟通，注意持球运动员和支援追逐的队友。踢球时，追逐 / 跑动运动员必须处于球的后方。

进阶：从两队防守开始，每队 1~4 名运动员。一名指定运动员踢球，教练随机叫“1 个人”或“3 个人”等，以便运动员迅速做出反应并快速地形成追逐进行防守。

英格兰队的托比·弗勒德正在练习射门技术。

示例 89 场上滚球 1

目的：介绍倒地护球和争抢地滚球所需技巧。

配备：每一对运动员配备 1 个球。

练习方法：运动员分为两人一对。运动员 1（P1）双腿分开，与肩同宽，运动员 2（P2）持球站在运动员 1 前方 1 米处。运动员 2 把球朝运动员 1 双腿之间滚过去 ——不能超过 5 米。运动员 2 向前跑过运动员 1 身旁，倒地抢球，快速地站起来传球给运动员 1，然后转换角色，继续练习。

指导要点：运动员 2 应该在球前略微下降身体，滑向球所在的位置。目的是使整个身体形成一个“网”，防住球的反弹，而不是简单地直接扑向球。逐渐地开始练习，直到对此过程有了清晰的认识，才能提高练习的速度。

进阶：一开始通过轮流跑过运动员 1 肩膀两侧，确保运动员 2 练习左右两侧倒地扑球。随着竞争力的提高，运动员可以在不同的角度滚动球，增加扑向球的速度。他们很快就会发现越努力地倒地扑球，利用动量重新站起来就越容易。

示例 90 场上滚球 2

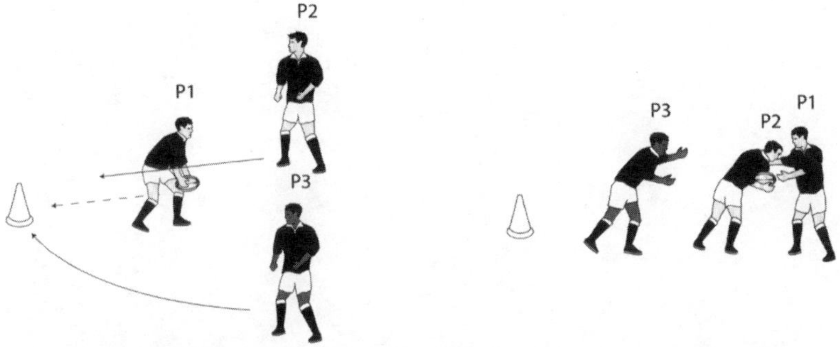

目的：发展倒地护球和争抢滚动球所需的防守技巧；提高防守环境中的决策和沟通能力。

配备：每 3 名运动员配备 1 个球。

练习方法：运动员 1（P1）持球双腿分开，与肩同宽。运动员 2 和 3（P2 和 P3）站在运动员 1 前方 1 米。运动员 1 叫出一个号码（确定是 P2 或 P3)，立即把球朝自己双腿之间向后滚过去 ——不能超过 10 米。P2 和 P3 跑过去，指定的运动员倒地扑球，快速地站起来冲向 P1，支援运动员形成一个小冒尔护球。当球安全时，教练停止练习并轮换运动员。

指导要点：逐渐地开始练习，直到对此过程有清晰的认识，才能提高练习的速度。训练逐渐模仿一种防守环境，支援运动员必须努力使队友拿到球，并且自己处于在位位置，从获得球的队友的后方加入小冒尔。

进阶：一旦运动员明确角色，P1 不再叫号，要求跑动运动员依据球滚动的位置，发出大声、明确和及时的指令，决定谁是最佳的倒地护球运动员。

示例 91 接开球——无防守练习

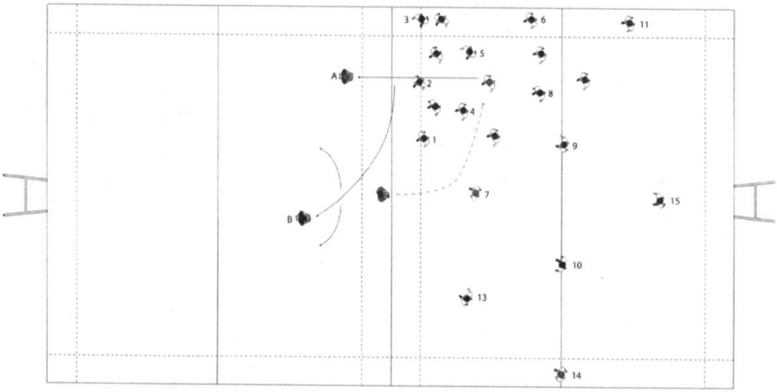

目的：在比赛环境中为运动员练习开球技巧提供机会。

配备：全部 15 名运动员，再加上 2 名额外运动员，2 个撞包，一片全场和 1 个球。

练习方法：在中场开始练习，如图所示安排运动员。教练落踢开球踢向前锋。一名运动员接球，倒地传球给队友。后者冲向撞包 A 并倒地。拉克形成，球向后给传锋。经过两手传球给内侧正锋。正锋冲向撞包 B 并倒地。第二次拉克形成，球传到边锋手里。训练停止，然后再重复练习 2~3 次。改变持撞包运动员。

指导要点：面向开球，运动员必须确保覆盖了所有区域。前排站在离 10 米线大约 5 米处。其他前锋彼此间隔 5 米采取斗牛姿势。离开球稍微远一点更容易，省得由于太近球越过头顶返身追。如果球没有超过 10 米，则没有进入比赛状态。

进阶：在撞包处运动员双脚站立形成冒尔，以代替拉克。

示例 92 开球 ——无防守练习

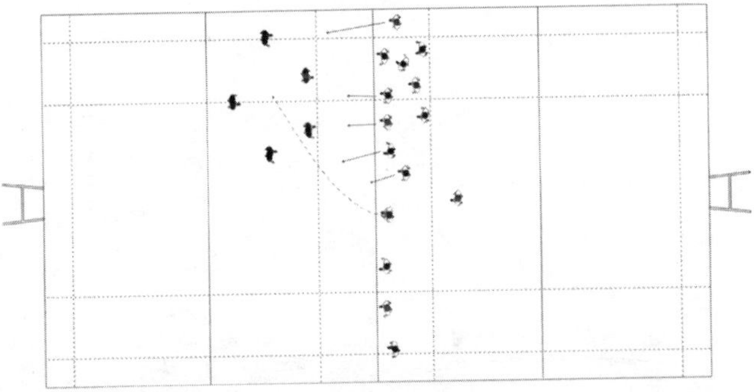

目的：在比赛环境中为运动员练习开球技巧提供机会。

配备：全部 15 名运动员，额外 3~6 名运动员和 1 个球。

练习方法：这次训练使用全场，从中线开始练习。如图所示，运动员落位。1 名指定的运动员使用落踢开球，3 名对方运动员试图获得球。进攻方跟随开球，准备扑搂对方运动员。

指导要点：进攻前锋都必须站在踢球运动员身后，否则就是越位。踢球运动员必须把球踢过 10 米线。一次理想的踢球要有足够的高度，为前锋追赶提供时间，球落地时运动员也恰好赶到。踢球运动员具备良好的落踢技巧是很重要的。前锋为了产生速度，开始时站在踢球运动员身后加速抢球。鼓励后锋与前进的前锋成一条直线前去拦截穿过场地的防守运动员①。重复练习，交换运动员和踢球人。

进阶：开球和接开球的两种练习可以组合成一个训练。前锋分为数量相等的两队。防守方接开球，面对前进的进攻运动员，形成拉克或者冒尔。训练可以在形成拉克或者冒尔时结束。这种训练的目的是要运动员知道开球时应该做什么。

---

① 橄榄球特有的防守方式。

示例 93 22 米线的开球和接球——无防守

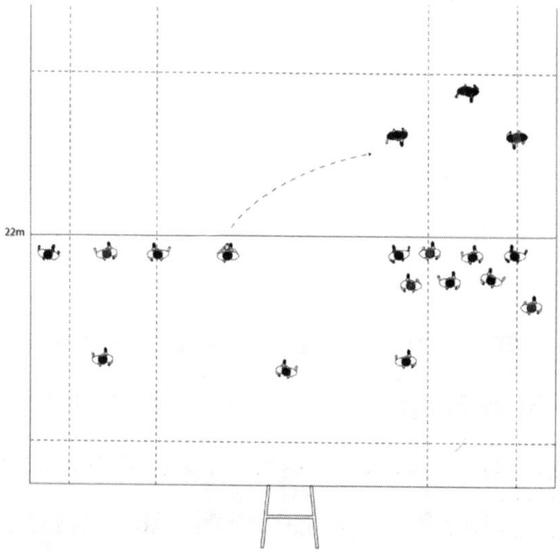

目的：在比赛环境中，从 22 米线为运动员练习开球技巧提供机会。

配备：全部 15 名运动员，额外加上 3 名运动员，一片全场和 1 个球。

练习方法：在 22 米线开始比赛，运动员如图所示落位。1 名指定的球员使用落踢开球，3 名对应球员试图接球。进攻方开球后跟进，紧接着扑搂对方运动员。

指导要点：球只要通过 22 米线就处于比赛中。运动员必须待在踢球人身后。踢球的高度为追逐运动员提供了时间。交换踢球人，多次重复练习。

进阶：运动员分为两个团队，练习 22 米线处无防守的开球。

示例 94 5 米线防守方解围踢球

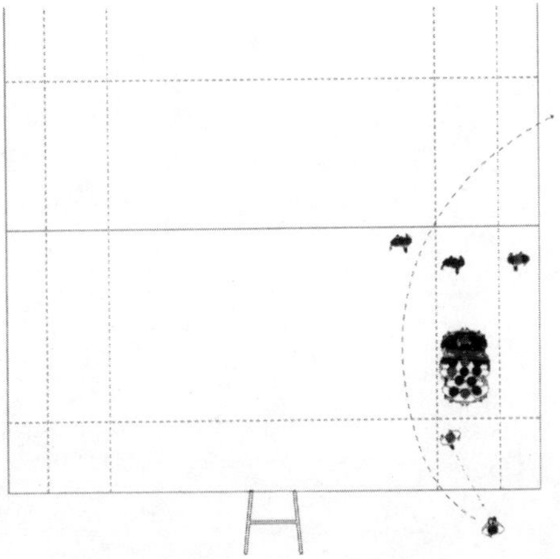

目的：发展在 22 米线区域内的阵区或者任何防守位置及从 5 米线后防守性踢球能力的练习和技巧。

配备：一个球。

练习方法：运动员分为 2 组前锋，1 名传锋，1 名踢球运动员和 1 个球，再加上 2~3 名防守运动员。在达阵线和靠近边线 5 米处设置一次无争斗牛。处于防守区域的一方投球，勾球并无压迫，然后球被直接传给站在斗牛后 5~8 米的一名球员。他把球踢出界外，对方斗牛中出来的运动员试图扑搂踢球运动员或者冲上前阻止其踢出界外。轮换防守前锋和尝试不同的踢球运动员。

指导要点：传锋和踢球运动员之间的沟通至关重要，确保他们知道彼此的位置。传锋的传球必须平稳精准，保证踢球运动员有充足的时间。踢球人应该站在传锋传球的远端，保证最多的踢球时间。如果踢球人掉球了，他必须立即拿球触地。防守传锋应该鼓励本方的斗牛 / 冒尔向前推，迫使对方向后退。这将使对方前锋疲于应付而不能向前推，而不可能准备好干扰踢球。

进阶：在 5 米线上设置一次无争的争边球。用冒尔保护拿到的球，然后递给传锋，传锋传给踢球人，由踢球人踢出界外。

第十章

控制比赛

第十章　控制比赛

这些训练包含着典型的比赛情境，向那些对比赛有些理解并需要提升自己技能的运动员介绍了一些基础的橄榄球战术。通过各种不同选择的尝试，这些训练将赋予运动员一些应对不同情况的经验，并帮助他们培养做决定的能力。

为了让这些训练起步简单，教练应尽量减少要求运动员记住的内容。鼓励运动员尝试不同的角色，以此来帮助他们了解所有角色以及每个角色的职责，并且使他们通过实战决定自己更喜欢哪个角色或哪个角色更适合自己。这有助于形成良好的团队精神！

青年运动员不仅需要学习橄榄球的基本技能（控球、传球、接球、踢球以及扑搂等等），而且必须了解每个角色及其相应的职责，并且能够做到足够理解，把学到的东西运用到一场比赛的实战中，这对那些已经练习过一段时间的运动员来说也是一种挑战。为了培养这些技能，他们需要很多的支持、鼓励和赞赏。

即便你刚刚进行了一堂有良好技术、极度成功的训练课，运动员们仍然在比赛中容易落入俗套，往往很少尝试新训练的战术和技能。理想化的比赛环境会给运动员们和教练提供一个把新训练的战术和技能运用到一场比赛之中的机会。为了让训练完全有效，教练必须确保备战目的和训练与比赛之间的联系要清晰且易于理解——帮助运动员建立这个联系。如果没有这层理解，一个理想化的比赛往往会陷入大家绕圈跑的情况，令人大失所望。

当运动员压力很大、面对对方运动员即将扑搂时，最简单、保险的办法往往是向任意方向踢球，或者是毫顾忌地冲向进攻线，之前所经历的训练此刻早已抛到脑后。

激情也会在比赛中对运动员有很大影响，当所有人都在向队友呐喊并追逐着橄榄球时，赛场上的运动员就很少会考虑阵形、组织和沟通。

为了鼓励运动员（尽管年龄和能力不尽相同）在比赛中练习使用平日里训练时所学习的战术和技能，有时新的战略和技能在一场比赛中很起作用，如果没有使用到这个规则的话就会造成给对方一个自由踢或罚球的机会。

下列的训练实例可以在理想化的比赛情况下帮助新手，培养他们的橄榄球技能和提升他们在赛场的信心。

训练要点

1. 把比赛中的状况和曾经做过的部分训练内容联系在一起，目的在于鼓励运动员尝试他们学习的新技能。

2. 对于青年运动员来说，一次只能创设一个情景；不要给他们太多东西去想，这只能引起他们的困惑。

3. 在努力学习新的技能时，要在短时间内使用到理想化的比赛中，以避免信心的丧失。

4. 教练也要鼓励运动员在运用战术和技能时注意场上形势。这对于等待加入比赛的候补运动员和场上正在比赛的运动员来说很有用。如果某支球队正确地应用了比赛战术，就给他们加附加分。

澳大利亚小袋鼠队在训练课上练习阻止进攻的防守战术。

示例 95 八人制

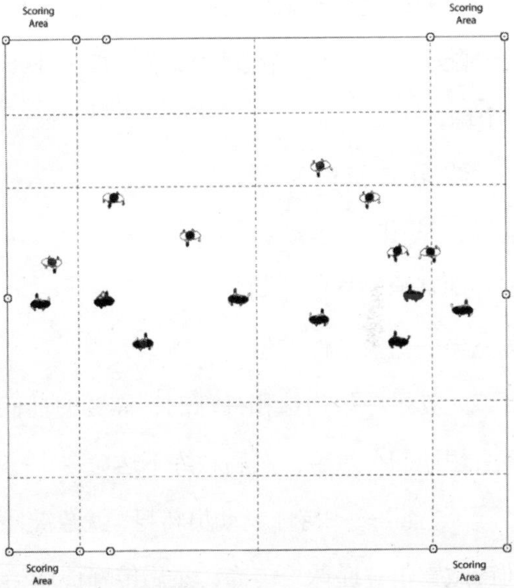

目的：在一个竞赛环境中为运动员提供专门技术训练的机会。这项训练旨在于练习扑搂、跑动和传球，为其他运动员创造空间而转移球。

配备：8 个标志盘和 1 个球。

练习方法：在一块场地上（不超过半片全场大小），使用这 8 个标志盘标注出整个边线和中线。运动员分为两组，每组 8~10 人。训练采用完全的橄榄球规则，除了犯规和球出界是采用"把球放在地上，碰触踢球"开始。不允许踢球，所有重新开球时，相对方后退 7 米。其他规则如下：

· 每次达阵得 3 分；

· 如果向后跑、横穿场地或者把球带回到拥挤地带会受到处罚；

· 最强壮的运动员不允许控制整场比赛。得分一次后，他们每次突破助攻达阵成功，会再奖励一分。

进阶：在边角距离 3 米再增加另外一个标志盘，这是达阵线上唯一的得分区域。尤为强调的是用传球扩大进攻范围，而不是靠跑动。

示例 96 整场比赛环境——无防守

目的：使年轻运动员适应不断变化的比赛情境。

配备：全部15名运动员，额外加上4~5名运动员，2~3个撞包，1个球。

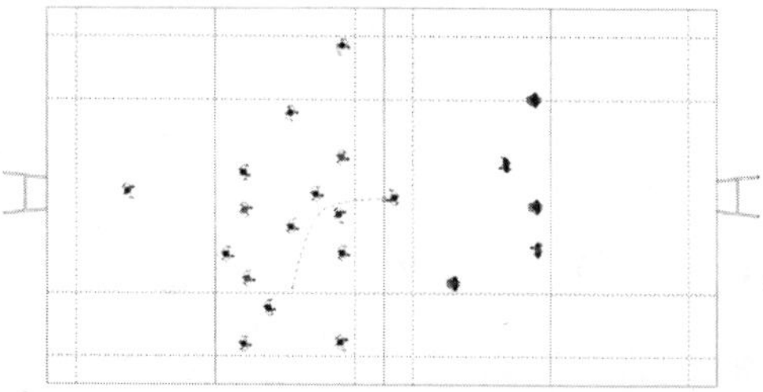

练习方法：使用全场，从15名运动员接开球开始。其他运动员充当一些象征性的位置，尤其是在争边球和开球时，需要时他们要拿着撞包。运动员应该假想他们有对手，然后教练下达命令来控制进程：

·“点”——持球运动员转身，就像被扑摟一样，仍然双脚站立。前锋做冒尔并递球给传锋，然后传峰传球给后锋跑动。

·“扑摟”——持球运动员倒地。前锋做拉克把球给传锋，传锋传给后锋跑动或者交给后续到达的前锋。

·“小边”——传锋打小边。

·“连接”——持球运动员与最近的运动员连接。

·“宽的”——球传给边锋。

依靠想象我们创造了整场比赛。教练可以做口令：犯规，防守方和进攻方的争边球和斗牛，22米线反攻踢和中线踢球。

指导要点：需要强调的是支援。运动员不允许跑得太远。在拉克时晚到的运动员需要判断此处是否需要自己。如果这一球获胜，他们可以去站线支援3名后锋。前锋不要在9号和10号中间“徘徊”，正确的位置是在传球路线的前方或者后方，以便传锋能够选择把球传向后锋。

示例 97 冒尔

目的：使运动员习惯以近身技巧来建立有效的冒尔。

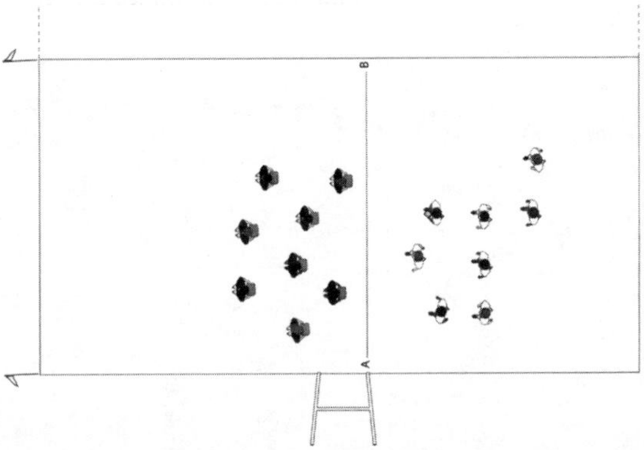

配　备：8 个撞包和 1 个球。

练习方法：运动员分为 8 名进攻运动员和 8 名持撞包的防守运动员。建立一片大约 10 米 ×15 米的限制区域。死球区很适合这种训练。进攻队在 AB 线持球开始，防守队持撞包位于 AB 线前方 2 米处。听到教练口令，进攻队跑出去，形成冒尔对抗撞包。目的就是把球送达网格一端达阵得分。规则和比赛一样（越位，坍塌等），唯一增加的规则是不能传球，只能够在运动员间转移或换手。防守运动员必须尽力迫使冒尔向后，以此保证进攻队不能接近达阵线。

指导要点：需要强调的是在冒尔中使用正确的技能。由于没有防守运动员抢球，除了撞包迫使冒尔后退，其他对冒尔的干扰很少。在一场有防守人的练习中，如果球被抱住或被阻止，教练可以叫暂停。如果冒尔倒地，运动员必须快速地把球传递给下一名进攻运动员，他捡球并组建另一个冒尔。这是强度非常大的训练，要鼓励竞争。需要记住的是你是指导年轻的运动员进行训练，所以要确保充分的休息，使得他们能够练习好技能。

进阶：给两队运动员均分撞包——全对抗。

第十一章

放松

第十一章　放松

如前所述，这一点总是容易在训练课上被忽视。放松对柔韧性有很好的作用。儿童天生柔韧性好，同时肌肉疲劳和僵硬也不会是年轻运动员的主要问题，放松的意识能使他们形成良好的习惯。

如果在放松时能够持续地完成拉伸，能够有效地预防当天比赛造成的肌肉僵硬和疼痛，这对年长的运动员更为重要。

训练课中安排好放松的顺序，身体的任何部分都要练习，比如：如果你进行速度训练，确保放松时包含一些腿部的拉伸（像小腿和腘绳肌拉伸）。

有组织的放松的巨大好处是在训练课的尾声，提供给教练员安静的时间，反思这堂课的目的和收获。运动员能够做出反映，这将有助于他们理解和发展技巧——也让教练有机会为运动员提醒重要的信息或者知识——而不是运动员在训练课后飞一般地消失了，并且错过了听取下一场比赛的细节！

威尔士队的李·伯恩、沙恩·威廉斯和詹姆斯·胡克在训练课结束时进行动态拉伸。

示例 98 伸展腘绳肌

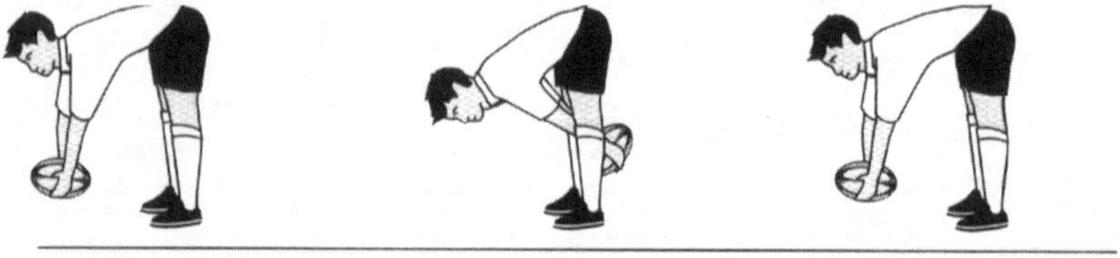

目的：放松身体，提高灵活性。

配备：每名运动员配备 1 个球。

练习方法：运动员双脚分开比肩宽，成一条直线站在边线上，球在双脚之间。听到教练口令，运动员持球向下（全程保持双腿伸直），捡起球，然后尽他们最大能力把球放在双脚后面的地方。随后运动员倒退着走，直到双脚和球成一条直线，重复练习。目的是尽可能在给定距离中（大概 10 米）少捡球。

指导要点：留意通过弯曲双腿以获得优势的欺骗行为。提醒运动员这是一种慢节奏、受控制的训练，身体形态是最重要的。

示例 99 侧向拉伸

目的：放松身体，提高灵活性。

配备：每一名运动员配备 1 个球。

练习方法：运动员排成一行，他们的右侧面向一个 5 米的网格，双脚分开比肩宽，双腿伸直，球在左脚的前方，听到教练口令，运动员俯身（双腿伸直），双手捡起球放在右脚前方。然后交换双脚，向网格前进，以便球再一次在左脚附近。这个动作重复一个设定的距离——10 米对这个练习是再合适不过了。

指导要点：留意通过弯曲双腿或一只手捡球以获得优势的欺骗动作。

示例 100 圆圈拉伸 1

目的：放松身体，提高灵活性。

配备：6 名运动员配备 1 个球。

练习方法：要求运动员围成一个圈，双脚比肩宽，脚与下一名运动员脚接触（例如：右脚对左脚）。保持双腿伸直，所有运动员双手向下，双手尽可能贴近地面。球在圆内，从一名运动员滚到另一名运动员。传完 10 次后，运动员慢走 1 分钟，然后重复练习。足球更容易滚动。

指导要点：留意通过弯曲双腿获得优势的运动员。

进阶：如果有足够多的运动员，分两个或更多团队竞赛，看哪队最先传完球。

示例 101 圆圈拉伸 2

目的：放松身体，提高灵活性。

配备：6 名运动员配备 1 个球。

练习方法：要求运动员背对背坐成一个圈，双腿分开，相互接触。球围绕这个圆传递。每名运动员每次必须用双手接球递球。

指导要点：这个练习拉伸双腿后面，需要良好的柔韧性，每名运动员必须旋转他们的躯干递球。如果运动员灵活性差，他们将用臀部蠕动，以便他们向后倾斜，而不是直立坐姿。全程尝试保持双腿伸直。

进阶：如果有足够多的运动员，分两个或更多团队竞赛，看哪队最先传完球。根据指令改变递球方向。

快乐每个人——学生们在玩橄榄球。